ラスベガスを創った男たち

Ugaya Masahiro

烏賀陽正弘

論創社

はじめに

ラスベガスは、今や年間、約4200万の人を国内外から呼び、彼らが約79億ドル（約1兆円）の大金を落とす、ギャンブルの一大都市である。世界を見渡しても、主にギャンブルを目的として、これだけの人が集められる場所は他にない。

同市は、1940年に9000人にも満たなかった田舎町だったが、1990年の約26万人から2000年に約58万人とほぼ倍増し、2014年には約61万人に膨《ふく》れ上がった。米国国勢調査局によれば、ラスベガスは2000年～2014年間に5％の割合で増加しており、毎年約3万人がアメリカ全土から流れ込む、限りなく発展する町である。

ところがラスベガスは、90年前までは、酷暑の砂漠にある人口2000人の田舎町に過ぎず、西海岸のロサンゼルスに向かう鉄道の名もない駅だった。それが、やがて不夜城《ふやじょう》となり、こうこうと放つ広大で強烈なライトは、宇宙飛行士が、肉眼で明確に識別できる明るさだという。田舎町から、それほどの大都会に急速に成長し発展する。アメリカで20世紀に造られた都市として、類を見ない最大規模のものである。

この町を無から作り上げた功労者として、どうしても3人を挙げなければならない。ベンジャミン（バグジー）・シーゲルとマイヤー・ランスキー、それにチャールズ（ラッキー）・ルチアーノである。本書は、20世紀前半に、ラスベガスを作り上げた、この個性豊かな3人を中心に展開される。

彼らの共通点は、いずれもマフィアの中心人物であることだ。ただ、前者2人はユダヤ人、残り1人はイタリア人と人種が違うが、その一人一人が、三人三様、劇的で波乱万丈《はらんばんじょう》の人生を送った。彼らは、ニューヨークの同じ下町で育った竹馬《ちくば》の友であり、幼少時から互いに生死を共にしながら、複雑に絡《から》み合った仲である。

3人とも、揃って冷酷な性格の持ち主だが、頭脳はみな明晰《めいせき》だ。彼らは弱肉強食の暗黒社会にあって、したたかに生き抜き、その社会にしては稀有《けう》な友情を死ぬまで貫き通した。

ところで、ラスベガスのカジノ・ホテルの客室総数は、人口がニューヨークの8％にも満たないのに、同市の約倍の約15万室もある。その外観は豪華そのものであり、世界各地の名所を忠実に再現したものが、ひしめき合っている。例えば、ニューヨークの自由の女神やエンパイア・ステート・ビルディングはおろか、イタリア貴族のリゾートや中世の古城を模した建物、それにエジプトのピラミッドの巨大なレプリカ（複写品）を見ることができる。

そればかりか、ベニスのサン・マルコ寺院や、かの有名な運河やゴンドラさえあり、このホテルのロビーの天井には、ミケランジェロが描いたシスティナ礼拝堂の天井画までが見事に描かれている。

そのホテルのどれもが、訪れる客を引きつけ、度肝《どぎも》を抜くように設計されている。この豪華な景観や娯楽の呼び物に惹かれて、来る人もいようが、訪問するのは、あくまでも、この町ができた目的のギャンブルを楽しむためだ。アメリカ内外から、老若男女、貧富の差を問わずに、人は一攫千金《いっかくせんきん》を夢見てやってくる。最近目立っているのは、中国から大勢押し寄せる来客である。

ランスキーは、「酔っ払っても、女遊びをしても、結局はギャンブルしに戻ってくるさ」と、人は賭博癖にいったん取り付かれると、ギャンブルからなかなか抜けきれない、恐るべき魔力を喝破《かつぱ》している。

私が、その魔力と興奮のほどを、身を持って知ったのは、一昔前、取引先のユダヤ人に連れられてラスベガスに行った時のことだ。そのユダヤ人は大金持ちである。

彼がホテルに到着するなり、飛びついたのは、アメリカ人が好むゲームのクラップスだ。

これは2個のダイスを、長くて深い楕円形のテーブルの反対側の壁に当てて、出た合計数で勝敗を決める。

彼は普段のビジネスでは極めてドライで冷静であり、喜怒哀楽を顔に出すことはまずない。ところが、いったん彼に番が回って、ダイスを振る段になると、子供のようにはしゃぎながら、幸運を願う息をダイスに吹きかけて転がすではないか。ましてや自分が勝ったときの喜びようは、まさに欣喜雀躍《きんきじゃくやく》という表現がピッタリしていた。

この時に、アメリカ人がどんなにギャンブルが好きかを、目のあたりにして思い知らされた。ただ癪《しゃく》にさわったのは、勝たなければならない貧乏人の私が、ダイスをいくら懸命に振っても勝てないのに、それを尻目に、彼が連戦連勝したことである。

それにも増して驚いたのは、その賭場《とば》の途轍《とてつ》もない広さだ。東京ドームのグラウンドの広さもあろうかという場所に、クラップスやルーレット、ブラック・ジャックのテーブルなどが、百数十台も所狭しとばかりに置いてある。しかもどれもが黒山の人だかりだ。

これをきっかけに、私の頭から、その光景を長らく払拭《ふっしょく》できなかった。どうして、こんな不毛の砂漠のど真ん中に、このような人を圧倒させるだけの町ができたのか、その疑問が絶えず付きまとって脳裏《のうり》から離れなかった。このことが、本書を書く動機となったのである。

そこで、これに関する多くの書や資料を読んでいるうちに感じたのは、まさに「事実は小説より奇なり」ということだ。ラスベガスが一大都市として形成されるまでに、国内外の政治情勢が激変した流れの中にあって、先の3人を中心とした、波乱に富んだ映画もどきの筋書きが展開される。

しかもその経緯を知るにつれ、ラスベガスが、とめどもなく繁栄を続ける裏には、アメリカのエッセンス、すなわち、本質が隠されているのではないかと痛感した。

ラスベガスを訪れる人は、大きな夢と希望を抱いて行く。あるホテルが、「ここでは、貴方の願望が全てかなえられる」とうまく謳っているように、ラスベガスでは何事も起りうるのだ。運がよければ、一夜にして大金持ちになれる。

アメリカは自由と機会に恵まれ、誰もがあらゆる可能性を実現できる国だという。多くの人が大きな夢を抱いて移民し、事実、アメリカをこれほどまでに繁栄させた。しかも、可能性を求めて、未だに多くの人が移住してくる。ラスベガスのエッセンスは、まさにこのアメリカの本質と同じであり、その縮図なのだ。

さらにラスベガス市が使っている、巧妙な宣伝文句は「ラスベガスで起ることは、ラスベガスに残る」である。実生活に影響されることなく、ラスベガスで存分に愉快に過ごせば、たとえギャンブルで負けても、それを忘れさせてくれるという。

つまり、アメリカ人がラスベガスにやってくるのは、この街がベニスやエジプトなどの異国へでも行ったような楽しい気分にさせながら、多くの希望、中でも賭博で勝てるという期待を持たせるためだ。賭博で負けても、悪い思い出をそこに残し、リフレッシュされて住処《すみか》に戻れるというわけだ。

ラスベガスは何事も実現できる所であり、もし失敗しても復活できるというアメリカの理念を有している。その核となっているのはギャンブルであり、これが多くのアメリカ人を引き付ける、強力な吸引力となってきた。

それを、本書の主人公であるシーゲルとランスキー、ルチアーノの3人が、いち早く見抜いていたのである。

2016年5月　東京港区にて

烏賀陽正弘

ラスベガス物語◉**目次**

第1章◉ラスベガスのパイオニア　15

第2章◉禁酒法の廃止

第3章◉ラスベガスの誕生

第4章◉フラミンゴ・ホテルの完成と悲劇 123

第5章◉ますます繁栄するラスベガス 161

第1章◉ラスベガスのパイオニア

フラミンゴ・ホテル

1997年、オーナーのヒルトン・ホテル社は、多くの関係者を集めて、フラミンゴ・ホテルの50周年記念を祝う盛大なパーティを開催した。ここは、ラスベガスにおける最初で、しかも本格的なカジノを備えたホテルである。

このフラミンゴ・ホテルこそが、ラスベガスを、砂漠の寒村から年間約4200万人も集め、莫大な金をもたらす賭博不夜城へと変えた原点なのである。と同時に、このフラミンゴ・ホテルを造ったのが、ユダヤ人のバグジー・シーゲルであり、彼が今日のラスベガスの発展をもたらすパイオニアだったのは紛れもない事実だ。

しかし、このような記念すべき、めでたい日であるにもかかわらず、草分けの偉大な功労者として、シーゲルの名前が、主催者から一度たりとも触れられることはなかった。シーゲルが多大な貢献を果たしながら評価されないのは、彼に忌《い》まわしい過去があったからだ。

それは、ただならぬ内容のものである。彼は、組織暴力団マフィアの幹部だっただけでなく、殺人、強姦、強盗、詐欺などと、挙げられるだけの、あらゆる悪事を重ねた経歴の持ち主だった。

ところが、アメリカの犯罪史上、シーゲルほど華やかで、波乱万丈に富んだ人生を過ごしたギャングは他にいないといわれている。１９４７年に、41歳の若さで人生を閉じたが、最後の10年間は、ハリウッドに住んで、賭博やゆすりで莫大な金を稼ぎながら、有名スターや若手女優と派手に遊び回っていた。

その模様は、当時の新聞ゴシップ欄を連日のごとく賑わし、世間の注目を大きく浴びている。だがその時、ハリウッドの女優は、誰も彼がそんな悪者であるとは知らずに、羽振りのいいプレイボーイだと考えて付き合っていた。

刎頸《ふんけい》の友

シーゲルを知る上で、決して忘れられない一人の人物がいる。それはマイヤー・ランスキーである。ランスキーを語らずして、到底シーゲルを理解できないほど、重要な存在なのだ。

この2人は、外見は極めて対照的である。ランスキーは、身長が１６５センチそこそこで、体重は60キロくらいしかない上に、小さな顔の割合に耳と鼻は大きく醜かった。そのことから、〝リトル・マン（ちび）〟と呼ばれていた。

その反面、シーゲルは、180センチと長身で美男なので、若い時から女性に非常にもてた。着るものも、遊び方も派手で、後年、ハリウッドで一流俳優とつき合い、美人女優と絶えず浮名を流している。自分もそれを意識して、俳優になることさえ夢見ていた。

それに2人の性格も対照的だ。シーゲルは粗暴で衝動的であり、わがまま放題だった。大胆不敵で、ピストルで撃つのが、何よりも好きであり、若い時は、人殺しとなると真っ先に実行した。

彼が友人に漏らしたところによれば、自ら手を下して殺害した人の数だけでも、30人は下らないという。ましてや、部下に指図して殺した数を挙げれば、100人以上に上るとされている。

それに対して、ランスキーは非常に冷徹で警戒心が強く、思慮深かった。暴力や銃を使うのは好まず、まず説得を重ねてダメなら脅迫し、それでも効果がなかった時の最後の手段として残していた。

頭脳は並外れて明晰《めいせき》であり、特に数字、中でも金銭の記憶と扱い方に関しては群を抜き、天才的といわれた。これが将来、ならず者の集団であるマフィアを統御《とうぎょ》する上で、非常な強みとなる。そればかりか、自分の命を守る保身術にもなっている。

そんな性格の大きな違いがあったものの、かえって歯車のように補完し合う関係となった。ランスキーが〝頭脳〟(悪知恵)となり、シーゲルが〝腕力〟(暴力)となって、2人は密接に協力しながら、様々な悪行を重ねて全国的に勢力を伸ばしていた。

両人には、それ以外に、互いを深く結びつけるいくつかの共通点があった。彼らは同じユダヤ人であることと、ニューヨークの下町で一緒に育ち、離れがたい友人だったことだ。中国の故事では、首を切られても悔いのない友情で固く結ばれた人を「刎頸《ふんけい》の友」と呼ぶが、彼らはそのような関係にあった。

このような共通点を持つ2人は、将来活躍する分野が大きく分かれるとはいえ、ともに後世に大きな汚点を残す、アメリカきってのワルとなる。すなわち、一人は、賭博のメッカ、ラスベガスを無から作り上げ、他は、悪名高い広域暴力団、マフィアを徐々に掌握《しょうあく》し、やがてその頂点に立って実質的に支配するようになる。

下町ローワー・イースト・サイド

この2人とルチアーノを語る上で、彼らが育ったニューヨーク下町、ローワー・イースト・サイドの説明から、始めなければならない。なぜなら、ここで3人が、幼少を過ごし、数々の悪事を働いただけでなく、互いに知り合って、一生続く固い友情を築いたからだ。

ローワー・イースト・サイドは、マンハッタンの南東部の地区で、現在のチャイナ・タウン（中華街）東側の一角を占めている。彼らが生まれた20世紀初頭の当時、大量のユダヤ人移民が東欧からアメリカに流れ込んだ、その主な落ち着き先である。

移住の背景には、ロシアでのユダヤ人に対する言語を絶する激しい迫害があった。かつて彼らの多くは、ロシアや現在のポーランドに住んでいたが、長年にわたり度重なる反ユダヤ暴動や差別に絶えず悩まされてきた。

例えば、ユダヤ伝来の言葉であるヘブライ語を話すことを禁じられ、キリスト教徒に改宗させるために子供が誘拐されることさえあった。さらに、職業上の厳格な制限があっただけでなく、土地の所有すら認められなかった。住んでいる地域も決められ、そこからの出入りを厳しく制限された。

19世紀後半になると、それがますます激しくなり、ユダヤ人は、あらゆる公職から追放され、経済活動を著しく制限された。それが高じて過酷な迫害を呼び、彼らを組織的に大虐殺する、いわゆるポグロムに発展する。

1880年代後半から20世紀初めにかけて、その厳しい迫害を逃れるため、多くのユダヤ人は、命からがら脱出せざるを得なかった。彼らの多くが向かった先は、アメリカであり、その数は約200万人にも上ったといわれている。その後のナチの弾圧もあって、現在、アメリカに住んでいるユダヤ人の約9割までが、この東欧から逃れたユダヤ人であり、その結果、現在、イスラエル以外で最も多くユダヤ人が住んでいる国はアメリカとなった。

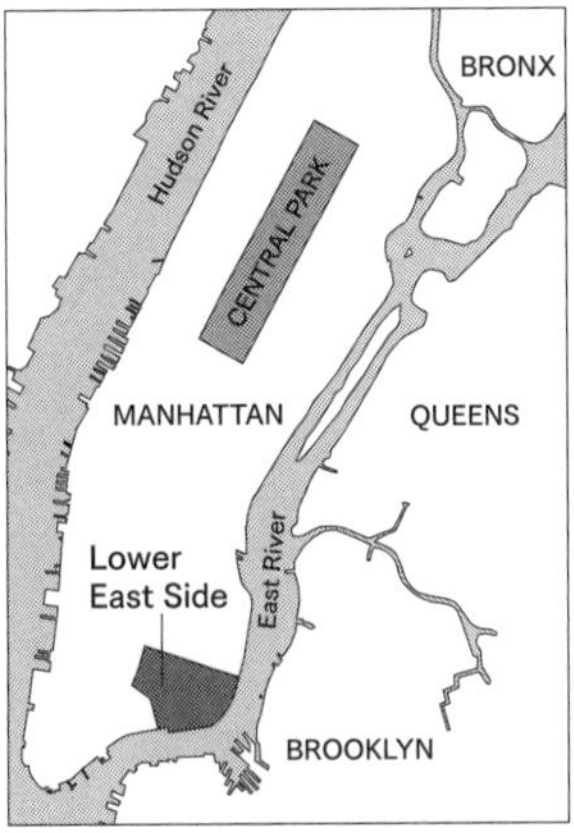

ローワー・イースト・サイド地区

その移民の約4分の3が落ち着いた先は、ニューヨークである。その中のおよそ40万人が、この貧民窟のローワー・イースト・サイドの一角に押し込まれて住み、1軒のアパートに、数家族が住むのはざらという有様だ。

ここのユダヤ人移民は、極度の貧困にあえいだ。当時は非常な不況で、職にありつくのも大変であり、金に困った多くのユダヤ人女性が売春行為に走ったという。就職先さえあれば、その如何を問わず、手当たり次第に飛びついた。

ようやく職を得ても、土曜日に出勤しないと、即座にクビになった。ユダヤ人にとって土曜日は神聖な安息日《あんそくび》であり、信仰上、必ず休息を取る義務があるので出勤できない。やむなく、休みが明ける月曜日に、新しい仕事を求めて街角に立った。

後に財を成したユダヤ人の大金持ちが、いみじくも述懐した。「自分の子供に残さなかったのは、下町、ローワー・イースト・サイドの貧困だけだ」と、それほど移住した当時、彼らは非常な苦労をした。

貧困は、犯罪の温床だという。このローワー・イースト・サイドが、まさしくその典型である。当初は、イタリアやアイルランドからの移民が、この一角に多く住んでいたが、やがてユダヤ人にとって代わられ、ユダヤ人街化する。

当時、その一帯はあらゆる犯罪が横行し、治安が極めて悪かった。当然のことながら、エスニック別のギャング団が生まれ、互いに抗争を繰り返すが、結局イタリア人とユダヤ人のギャングが生き残って二大勢力となった。

イタリア人のギャングで頭角を現したのが、後にマフィア全国組織の領袖《りょうしゅう》になるラッキー・ルチアーノであり、対するユダヤ人の方はランスキーである。2人は、初めは路上で激しく対立していたが、互いの度胸にほれ込み、人種は違うものの徒党を組むようになった。その出会いから、長年続く友情が始まり、やがてマフィアの全国的組織暴力団、通称〝シンジケート〟に発展する。ルチアーノが、その頂点に立つまで、ランスキーは彼の右腕となり辣腕《らつわん》を振って助け、特に金の運用に関してルチアーノを大きく支えた。

その全盛期の1930年代から1980年にかけて、ランスキーは、当時アメリカ最大企業であったUSスチール社の売り上げに、自分たちの組織が匹敵すると豪語したといわれる。それほどまでに、大きく成長させた。もちろん、この組織とは暴力団員や殺人者の集団である。

しかし、マフィアの実権を握っていたのは、派手な殺し合いをして新聞紙上を賑わすイタリア人ではなく、その陰に隠れて巧みに操作していた、ユダヤ人のランスキーであることは意外と知られていない。

ランスキーとの出会い

ランスキーはシーゲルよりも6歳年上だが、2人は10代の時に知り合った。兄弟のような固い絆をつくった出会いについて、いくつかの説がある。

一説によれば、女遊びが好きだったシーゲルが、ルチアーノ支配下の売春婦と、お金を払わずにねんごろになっていた。その現場をルチアーノに見つけられ、シーゲルが撲殺されるところを、ランスキーが間に入って助けた。これが3人を、固い友情を築くきっかけになったという。

他の有力な説は、ローワー・イースト・サイドで、シーゲルが路上でさいころ賭博をしていたら大喧嘩となり、喧嘩相手が落とした拳銃を拾って、相手を撃とうとした。その時、警官の鳴らした警笛が聞こえたので、騒ぎを見ていたランスキーが、彼の手から拳銃をもぎ取って捨て、その場から連れ出したという。

いずれにしろ、そのような縁で2人は、切っても切れない仲になる。ランスキーは、イタリア人やアイルランド人のギャングに対抗できるユダヤ人のギャングになることを目論んでいたので、シーゲルが勇敢なことに目をつけて配下に入れた。やがて、〝バグジー・ランスキー組〟と呼ばれる強力なギャング集団が出来上がる。

この2人の関係は、その後、様々な苦難や大事件に遭遇しながらも、助け合って一生続くのである。

シーゲルの生い立ち

シーゲルは、1906年に下町ブルックリンで、5人兄弟の1人として生を受けた。父はロシアからの移民で非常に貧しく、その日暮らしの生活を送っていた。このような苦しい環境で育った彼は、給料が安い肉体労働の仕事でなく、一攫千金《いっかくせんきん》を狙うことを決心し、犯罪行為が、最も手っ取り早い金儲けの方法だと考えた。

ベンジャミン（バグジー）・シーゲル

ローワー・イースト・サイドでは、移民の中で技能を持たない者は、1日1セントで手押し車を借りて、果物や野菜、古着などを売り歩いていた。青春期のシーゲルは、幼《おさな》なじみと組んで、この行商人を狙い、安全な営業を保証する見返りに、代金、つまり、みかじめ料を取っていた。

その商人が支払いを拒否すれば、容赦なく車に灯油をかけて放火したので、一度放火されたた商人は、次から彼に金を差し出すようになる。一方、他のギャングが、自分の縄張りに入って来ようものなら、暴力で防いで自分たちの利権を固く守った。

シーゲルの本名は、ベンジャミン(略してベン)である。だが彼は、〝バグジー〟というあだ名で通っていた。バグジーとは、当時のスラングで、「気が狂った」を意味する。それが付けられたのは、彼が反対されたり、怒ったりすると、すぐ暴力手段に訴えて凶暴になる性格に由来している。ランスキーは、「彼が喧嘩をすると、血気にはやることで悪名高いイタリアン・マフィアよりも、相手をすばやく殴り、何の躊躇《ちゅうちょ》もなくピストルで撃った」と、述懐したほどだ。

その異常ともいえる大胆さと度胸を買って、ランスキーがシーゲルを、長年、自分の右腕として弟のように可愛がり重用した。

ただ、シーゲルは〝バグジー〟と呼ばれるのを極端に忌み嫌い、その名で呼ばれようものなら、即座に相手を殴ったという。彼を下手に刺激すると、どういう結果を呼ぶか分からないので、人は面と向かって話すとき、〝ベン〟、あるいは〝ミスター・シーゲル〟と呼んでいた。

最初の殺人

シーゲルが、初めて殺人に手を染めたのは15歳の時である。当時、すでにランスキーと組んで、路上賭博やみかじめ料、あるいは自動車の窃盗などで金を稼いでいた。ランスキーは、自分の敵を味方につける優れた才能を持っている。シーゲルもその一例だが、イタリア・ギャングの領袖、ルチアーノとも連携して友好関係を保っていた。

その盟友、ルチアーノが麻薬のかどで有罪となり、半年間投獄されたことがある。彼を指したのは、アイルランド系巡査の息子だ。ルチアーノは出所後、怒りが収まらず、復讐の念に燃えて、すぐに実行したかったが、止めたのは冷静なランスキーである。

ランスキーは、彼をなだめて辛抱強く待つようにと説得し、ほとぼりが冷めた1年後に決行する。まずアリバイを作るため、ルチアーノを遠く離れた所へ、休暇という名目で行かせてから、ランスキーとシーゲルは入念に図って、復讐を果たした。警察は、八方手を尽くして大規模な捜査を行ったが、結局、その青年の遺体すら見つけられなかった。

これには後日談がある。この殺人現場に女性の目撃者がいたのだ。彼女は、シーゲルたちに対し、金を払わなかったら、青年の行方を警察に届け出ると脅した。怒ったシーゲルは口封じのため、彼女のアパートを訪れ、袋叩きにする。駆けつけた警官に連行されるが、間もなく釈放された。その後、彼女が警察に事実を知らせることが危惧されたが、女性は報復を恐れてしなかった。

その8年後、23歳の時に、シーゲルはバーで彼女に偶然出くわす。彼女は、シーゲルが女の扱いを知らぬ青二才だとなじった。これが悪かった。シーゲルは、自分が今では立派に成熟した男であることを証明することを思い立って見返すことを決心する。そこで帰途に着く彼女を尾行し、暗闇の路地に通りかかると、そこへ引きずり込んで彼女を襲って暴行したのだ。彼は警察に検挙されたが、間に入ったランスキーが、彼女に一言ささやくと、その訴えを難なく取り下げた。

この失踪事件でランスキーとシーゲルは懲《こ》りたのか、ほとぼりが冷めるまで、しばらく派手な活動を控えて、もっぱら路上賭博やゆすりで金を稼いでいた。本拠は、ブルックリンに置いたが、遠くハーレムやマンハッタンに赴いて悪事を働き、邪魔者が間に入ると、容赦なく暴力を振るう凶暴さで悪名高かった。

第一次世界大戦が終わりに近づくと、2人はイタリア人のルチアーノと一層密接な関係を作る。従来からの考え方では、人種が違えば、言語や習慣が異なるので、あたかも水と油のような関係で、とても相容れないとみなされていた。だが、そのような壁を乗り越えて、彼らは一生涯長続きするほどの友情を保った。

そのことから見て、2人には人を見る目があったようだ。事実、ルチアーノは、後にマフィア最高の地位、「ドン中のドン」にまでのし上がっている。それには、このユダヤ人2人の強い支援があり、恩義を感じたルチアーノは、2人との結束をますます固くするのだ。

ランスキーの経歴

ここでシーゲルの刎頚の友であるランスキーの生い立ちについて触れたい。それを知れば知るほど、彼の暗い過去が、ランスキーの人間形成にいかに大きな影響を及ぼしたかを理解できる。

今のポーランドと接したベラルーシ共和国に、フロドナという町がある。ここは木材や穀物を取引する商業の一大中心地で、東西をつなぐ要衝なので、度々外国から侵略されてきた。古くはモンゴルに侵略された後、リトアニアやロシア、ポーランドなどと、支配者がめまぐるしく変わった都市である。

グロドノは、14世紀にリトアニア大公国の構成地域に編入され、ときの大公が、それまで農業中心の町を、商業や工業の都市として発展させようとした。そのため、商才に長けたユダヤ人を誘致し、彼らの多くがここに住み着いた。

その後、18世紀末に支配者がポーランドから帝政ロシアに変わると、ユダヤ人に対する過酷な迫害が始まり、財産が没収されたり、住居地から追放されることが絶え間なかった。19世紀も終わりに近づくと、帝政ロシアの迫害はますます激しさを加え、グロドノでも反ユダヤ暴動が続発し、彼らを大虐殺するポグロムが発生した。

それにたまりかねたランスキーの父、マックスは、1909年に妻と3人の子供を残して、単身、アメリカに渡った。たどり着いたニューヨークで、衣服業のアイロン掛け職人などして、懸命に働いて貯めた金で、2年後に家族を呼んだ。ランスキーが10歳の時である。だから彼は、シーゲルのようにアメリカで生まれたわけではなかった。

アメリカ英語に、〝ストリート・ワイズ（street wise）〟という表現がある。これは、「下情《かじょう》に通じる」と訳されているように、高校や大学の高等教育を受けなくて、日常生活で経験を多く積んで、知恵を付けることを意味する。高等な学問で得る知識よりも、実体験から得た知恵の方が、意外と実戦に役立つものである。その典型がランスキーなのだ。

アメリカに来て間もないランスキーは、家が貧しいので、まともな教育を受けられず、公立小学校8年生（中学2年に相当）で退学している。その程度の学歴しかなかったが、周囲から知恵を身につけ、たくましく成長していくのだ。

彼が賭博の極意を覚えたのは、ロ－ワー・イースト・サイドの道端で開帳している賭博だ。それは先に触れた、2個のダイスを投げて勝敗を決めるクラップスである。初めのうち、ランスキーはなけなしの金をはたいて賭けていたが、損ばかり出していた。

やがて、ダイスの端を削ったり、片面だけを重くした細工が施されていることに気付いたが、それだけでは八百長の仕組みがまだ分からなかった。

マイヤー・ランスキー

ところが、クラップスの開帳を傍から観察していると、客寄せのためのサクラがいて、胴元とグルになって、客から金を巻き上げいることに気付いた。そこでランスキーは、誰がサクラかを見分けた上で、彼が賭ける数字と同じところに掛け金をのせると、面白いほど勝てるようになる。

同じ場所で続けると、手の内がばれるので、場所を変えながら勝ち続けた。間もなく、ランスキーはこの賭博で負けを知らない、達人として名を馳《は》せるほどになる。このようにランスキーは、頭脳が明晰だったことも手伝って、誰からも教えられることなく、幼少の時に賭博の裏表を知り尽くすようになった。

ランスキーが、これから得た教訓は、「世に幸運なギャンブラーといったものはない。賭けに勝つのは、ゲームをコントロールしている人だけだ」である。その幼少の体験から、自ら賭博事業を経営するようになっても、コントロールすることに専念する。

ルチアーノとの出会い

1910年のニューヨークの下町では、主としてイタリア系とアイルランド系のギャングが縄張りを作って争い合っていた。ローワー・イースト・サイドにはユダヤ人が多く住んでいたので、リーダー格の若いルチアーノは、通学するユダヤ人の子供を暴力から守るという名目で、彼らから金を巻き上げていた。

ランスキーが、ルチアーノと劇的な出会いをしたのは、ここだった。ある日、ランスキーが学校からの帰り道に、ルチアーノが率いるギャングに出くわした。彼らは、この日のランスキーのように、一人歩きしているユダヤ人を餌食にしている。というのも、単独なら抵抗できなかったからだ。もし相手が金を払わないなら、容赦なく鉄拳を見舞った。

何時ものようにルチアーノは、「金を払え!」と脅迫したところ、その小柄な子供が大男の彼に向かって、

「ゴー・ファック・ユアーセルフ!」(くそ食らえ!)

と、敢然と立ち向かったのだ。

ルチアーノは、その激しい気迫に押されて、金を巻き上げることを、その日に限ってあきらめた。

これがランスキーとの最初の出会いとなった。ルチアーノは、彼の貧弱な体に似合わぬ並外れた度胸と気迫に驚き、すっかりほれ込み、これを契機に生涯に及ぶ友情が始まった。

2人はその後、命にかかわるような、さまざまな苦難と激動の出来事に遭遇しながらも、死ぬまでこの厚い友情を貫くのだ。冷酷無残な暗黒社会にあって、稀有《けう》に近い出来事である。

後にシーゲルは友人に、2人の関係を、実際はそうではないが、同性愛関係にあると疑うほど親密だったと、洩らしている。互いに二言、三言、話すだけで、相手の考えていることが即座に理解できた。2人が言い争ったり、喧嘩をしたりするのを見かけたことは、

一度たりともなかったといわれている。

ルチアーノの生い立ち

ここで、シーゲルとランスキーを語る上で、到底無視できないもう一人の人物、チャールズ（ラッキー）・ルチアーノの話をしなければならない。というのは、極悪非道な暗黒社会にあって、彼はシーゲルやとランスキーとともに、民族の壁を越えて、文字通り三位一体となる関係を、一生続けたからである。

ルチアーノは、マフィアの最高峰であるドンでありながら、驚くことに、1999年の『タイム』誌で、20世紀において最大の影響を与えた100人のうちの1人に列せられた。因《ちな》みに、その100人の中にアルベルト・アインシュタインやジョン・F・ケネディー、ウォルト・ディズニーも含まれている。彼はそれほど大きな影響力を、アメリカ社会に及ぼしていたのだ。

これはルチアーノが、マフィアを資本主義的組織に近代化し、さらに全国的に拡大した非凡な才能が高く評価された。だが実際は、そこまでの巧妙な計画や仕組みを立てたのは、知将ランスキーであり、ルチアーノはそれを実行したに過ぎない。

マフィアはイタリア人が多数を占めており、彼らの伝統的家業として継承されてきた。従って、この集団のトップに立って、にらみが利かせられるのはユダヤ人でなく、イタリア人でなければならない。しかも、そこで認められるには、実際に暴力行為を振るった実績が必要である。そういう意味合いから、ランスキーの陰からの助けがあったとはいえ、ルチアーノが「ドン中のドン」になれたのだ。

ルチアーノはアメリカでなく、シシリー島で生まれた。家は大変貧しく、父は硫黄鉱の鉱夫として働いていた。劣悪な環境から逃れるため、1906年、ルチアーノが9歳の時、一家揃ってアメリカに移民し、落ち着いた先は、貧民窟《ひんみんくつ》のローワー・イースト・サイドである。

チャールズ（ラッキー）・ルチアーノ

彼は10歳になると、万引きで検挙され、その後、麻薬を運んだ罪でも連行されている。ルチアーノは、10代半ばにしてすでに、あらゆる悪事に手を染めていた。18歳の時、麻薬密売のかどで少年鑑別所に送り込まれたが、釈放されると、すぐに麻薬取引を再開した。19歳で、「ファイブ・ポイント」という悪名高いギャングのリーダーになった。

ルチアーノが、ドンの地位にのし上がった道は、決して平坦《へいたん》なものではなかった。まだ頭角を現していない頃、同じ仲間のマフィアから半ば殺されかけて、かろうじて一命を取り留めたことさえある。

1920年後半に入ると、ニューヨークのギャングは、ジョー・マセリアが率いる一派と、サルバトーレ・マランツァーノが率いる一派の2つに分かれて激しく対立し、抗争を続けていた。当時、まだ20代の駆け出しのルチアーノは、マセリアと組んだ。

敵対するマランツァーノ一派は、急速に勢力を拡張したマフィアである。マランツァーノは、ルチアーノのように幼少時でなく、1927年にアメリカに移民したばかりで、すでに50歳を過ぎていた。この歳で、しかも新参者のマランツァーノが、短期間でマセリアに対抗できるだけの勢力に拡張できたのは、強力な支援があったからに他ならない。

そのはずである。マランツァーノは、マフィアの本拠、シシリー島の「ボス中のボス」、ヴィト・フェロが、じきじきに送り込んだ手先だからである。彼が帯びた使命は、互いに対立し、乱立しているギャングを、全国にわたって統一することだ。

そもそもマフィアは、イタリアのシシリー島から生まれた犯罪組織である。その歴史は古く、最初は度重なる外国からの侵略から、抑圧された零細農民を保護するために結成されたが、19世紀に入ると、暴力を容赦なく駆使する犯罪組織に変貌する。

その後、19世紀後半から20世紀初頭にかけて多くのシシリー・イタリア人がアメリカに移民するにつれ、別個にアメリカン・マフィアが結成された。

このようにマフィアは、もともとシシリー地場の集団である。ところが、大ボス、フェロの狙いは、アメリカの暴力団がイタリア系だろうが、ユダヤ系であろうが、対立する組織暴力団を、1つにまとめて、それを自ら掌握することにあった。

当面の強敵は、すでに強力な地盤を築いている、シーゲルとランスキーのボスのマセリアだ。その一党を殲滅《せんめつ》するため、フェロはシシリー島本部から、冷酷無比な殺し屋を多数送り込んでマランツァーノを支援した。

その結果、組織暴力団の新旧グループ同士の凄惨《せいさん》な争いが始まり、マランツァーノのシシリー島の出身地に因んで、「カステランマレーゼ戦争」と名づけられた。

さらに、この抗争の火に油を注ぐ、重大な出来事が起こり、その莫大な利権を巡って、マフィア同士の戦いがますます激しさを増していくのだ。

禁酒法の制定

この重大な出来事とは、禁酒法の制定である。彼らを取り巻く環境を、一変させる晴天《せいてん》霹靂《へきれき》の事件だった。すなわち、1920年に、一切のアルコール飲料の製造と販売を禁止する、ボルステッド法が通過するのだ。

これはアメリカの犯罪史上、特筆すべき出来事である。なぜなら、この法律によって、アメリカのマフィアは莫大な利益を上げることになり、その豊富な資金で全国的に組織を統一できただけでなく、現今に至っても残存する強大な基盤を作れたからだ。

禁酒法が制定される以前のアメリカでは、ニューヨークなどの大都市で飲酒によるトラブルが多発し、社会的に大きな問題になっていた。例えば過度の飲酒によって、職場への欠勤者が増えたり、父親が妻に暴力を振るい、子供を無視することが多かった。

その原因はアルコール飲料にあるとされ、保守的なキリスト教信者を中心に禁酒運動が全国的にまき起こった。これに拍車をかけたのが、1914年~1919年に起きた第一次世界大戦である。アメリカが1917年に参戦すると、禁酒の機運が一挙に高まった。

そのわけは、アルコールの原料となる穀物が、戦線で戦っているアメリカ軍兵士の食料として必要となったからである。そんな貴重な物資を、悪の温床となるアルコール飲料に向けるのは非愛国的とされた。禁酒制支持者は、それを止めるには、アルコール飲料の製造と販売を禁止する以外に手はないと主張し始め、一般国民もこれに同調するようになる。

1919年、アメリカ議会で激しい論議の末、連邦憲法に修正箇条が特別に追加され、1年後にアルコール飲料のアメリカ国内における輸出入と製造販売、搬送までも全面的に禁止するボルステッド法が成立したのである。

この法案は、成立する上で強力な推進者となったアンドリュー・ボルステッド議員の名を冠している。彼は、保守的なミネソタ州出身の徹底した禁酒主義者であり、原理主義的キリスト教信者でもあった。

この禁酒法は、当初、社会と経済上の「崇高な実験（ノーブル・エクスペリメント）」と称された。しかし、その高貴で壮大な動機とは裏腹に、多くの悪を広範にはびこらせ、中でも組織暴力団を一大企業にまで成長させる結果となった。そのため、禁酒法は、アメリカ史上の一大汚点とされている。

このボルステッド法には抜け道が多く、シーゲルとランスキーなどのギャングにとって、願ってもない金儲けのチャンスとなった。ある人は、これが「彼らに盗みの免許証を与えた、あるいは紙幣を刷《す》らせる権利を与えたに等しい」と断じたくらいだ。この法律によって解決し、封じようとした問題よりも、それ以上に厄介な難問を多く生み出した。

例えば金持ちは、制定後の猶予期間を利用して、何年分もの酒を買い込んでストックしていた。また従来のサロン（バー）が閉鎖されたので、酒類密売所やスピークイージーと呼ばれる「もぐり酒場」がアメリカの各所に雨後の竹の子のように生まれた。ニューヨークだけでも、禁酒法が施行される以前に約1600軒あったサロンが閉鎖された結果、もぐり酒場が一挙に約10万軒に急増するという有り様だ。

それに大小さまざまな悪党が砂糖に群《むら》がる蟻のように、これを餌に金儲けを計った。当時、密売による彼らの利益率は、800％が通常の相場とされたほど暴利をむさぼっていた。つまり、ウイスキー1本、原価1ドルのものが、小売段階で8ドルにもなる。

シーゲル・ランスキー一味と盟友関係を組んでいたアル・カポネは、当時シカゴの利権を一手に握っていたが、1年間だけで6000万ドルの荒稼ぎをしたという。これを今の価値に換算すると、実に約12億ドル（約1260億円）にも相当する巨利である。

アルコール度の低いビールやワインまでも禁止されたので、いきおい持ち運びしやすいウイスキーやブランデー、ジンといった、アルコール度が22・5％以上の高濃度の、いわゆるハード・リカー（強い酒）が密輸の主流となった。

それを生《き》のまま飲むと高価なことから、他の安い飲料と混ぜて薄めるようになり、ヨーロッパには見られない、アメリカ独特の多種多様なカクテルを生み、流行らせた。

禁酒法でぼろ儲けの2人

この金儲けの千載一遇のチャンスを、シーゲルとランスキーの一党が見逃すはずはなかった。禁酒法が制定されていなければ、彼らは賭博場を運営する二流のギャングに終わっていたに違いない。彼らは施行前から、密造酒を手に入れる綿密《めんみつ》な計画を立て、施行後は法に一切抵触しない抜け穴を作っていた。

まず、隣国カナダでは酒類の製造販売は禁止されていないことに目をつける。当時、国内での密造酒は摘発される可能性が高く、その上、毒性の高い工業用アルコールが使われて、年間平均2000人の死者を出していたので、その危険性がないカナダ産が人気を呼んでいた。

そこで彼らは、カナダからの密輸入を大々的に押し進め、そのための隠れ蓑《みの》として輸入会社を設立した後に、密造酒を運送する乗用車やトラックのレンタル・ビジネスを始めた。

それを拠点に、カナダから良質の酒類を大量に密輸した。

小物のギャングが、大型船から小型船で隠れて酒類を運び込むのを尻目に、彼らは密輸品を載せた大型船を、白昼堂々と埠頭に横付けさせて大量に持ち込んだ。もちろん、関係役人や警察に多額の賄賂を贈って、巧妙に手を回していた。

それだけでなく、シーゲルは敵対するギャングの密輸品を、運搬中に強奪するという荒業もやってのけている。有名な話は、敵視するマランツァーノ配下から密造酒を奪い取ったことだ。マランツァーノの部下に多額の賄賂を贈って、港からカナダ産の酒を、フィラデルフィアのギャングに、トラックで運送するという情報を入手した。フィラデルフィアの一味は、良質の酒を地元の粗悪品と混ぜるために必要としていた。

道路脇の大木を切り倒して道をふさいで、輸送途上のトラック数台を待ち伏せし、相手ギャング3人を射殺して密輸品全部を奪取したのだ。このようにして、シーゲルは、手段を選ばぬ悪辣《あくらつ》な手段で、富を築いていった。

この禁酒法自体が、アメリカ国民からザル法だとされて人気がなかった。自然な欲望ともいえる飲酒を、禁じることなどできないにもかかわらず、そのことを無視したことが大きな反感を呼んだ。酒類を密輸して、渇望する市民に流すギャングは、悪者どころか、むしろ「強きをくじき、弱きを助ける」ロビンフッドのような存在となる。

そのような環境の中にあって、シーゲルとランスキーは、酒類の取引で、まさに濡れ手に粟のように巨額の利益を上げた。その利益率は、賭博とは比べ物にならないくらい膨大なものである。

驚くべきは、巨万の富を築いた2人は、当時、成年の20歳にも達していなかったことだ。これで得た膨大な利益は、彼らのグループを大きく発展させ、組織暴力団を牛耳《ぎゅうじ》れるほどの強固な基盤を作った。さらに、後にラスベガスでの大掛かりなカジノを作る上での、必要不可欠な資金源となったのだ。

シーゲルは、持ち前の性格から、派手な生活をするようになり、回りに、「品とスタイルが悪ければ、浮浪者と一緒で、死んだ方がましだ」と、うそぶくのが口癖となった。

事実、彼は一流店で高級服を仕立てさせ、絹のシャツを着て、つばの広い帽子をかぶり、有名な女優や芸能人と派手に付き合うようになる。お抱え運転手つきのリムジンに乗って、ブロードウエイの劇場や超一流レストラン、ナイトクラブで、度々見かけられるようになった。その上、彼がどこへ行っても、2人の屈強なボディガードが必ずついていた。

さらに、妻と2人の娘のためにも、ニューヨーク郊外に豪邸を購入した一方で、自分はニューヨーク市内の最高級ホテル、ワルドーフ・アストリアの一室を借り切って、好き放題の生活を送っていた。そのホテルの2階上に、盟友のルチアーノの部屋もある。

しかし、人間の欲望には際限がなく、やがて酒類密売の利権と縄張りを巡って、ギャング同士の熾烈《しれつ》な抗争が、1920年代、ニューヨークを中心にまき起こり、シカゴやその他の都市にも波及するのだ。

ルチアーノの台頭

ルチアーノは、表向きは当時のマフィアの大ボス、ジョー・マセリアの配下に入ったものの、マセリアは頑固で、有望分野に積極的に手を出そうとしない。これがルチアーノの気にいらなかった。それにマセリアは彼に対し、人種の違うユダヤ人のランスキーとシーゲルの一党と手を切れと執拗に迫っていた。ルチアーノは、盟友の2人をないがしろにして、利権をイタリア人に渡そうとする彼に不満を抱いた。これを機敏に察知したマセリアは、彼を懲らしめることを決心する。

ある日、ルチアーノがマンハッタンの街角に立っていると、カーテンを引いたリムジンが彼のそばに横付けた。すると、その中に引きずり込まれ、何回も顔や背中を刺された後に、マンハッタンの対岸にあるスターテン島の海辺に放り出された。

しかし、奇跡的にも意識を取り戻し、ほうほうの態《てい》で派出所にたどり着いて助けられた。もちろん、なぜ刺されたのか、その背景について警察に口を割らなかった。というのは、マフィアには〝オメルタ〟という「沈黙の掟《おきて》」があって、組織の内情を決してばらしてはならないからだ。違反すれば、処刑されるほどこの掟は厳しい。

刺し傷によって顔の筋肉が切られたので、右目が垂れ下がったが、それがかえって、後に相手を威圧する大きな効果を生んだ。それればかりか、この仕打ちを加えたことが、マセリアを後悔させることになる。

ところで、ルチアーノの本名はチャールズで、ラッキーはあだ名である。それがつけられたのは、このような死線を越えて蘇生《そせい》し、九死に一生を得た強運からではなく、以前からギャンブルがうまく、特に競馬で勝ち馬をよく当てたことに由来している。

当初、ルチアーノは、誰が彼の殺害を試みたのかが分からなかった。そこで、裏事情に詳しい盟友のランスキーに調べさせたら、ランスキーは疑いなくマセリアの仕業だと断言し、寝返って、敵対するマランツァーノと組むことを進言する。だが、決してあせってはならないとも忠告した。

そこでルチアーノは、マセリアを殺害して復讐することを決心する。この結果が、ルチアーノをマフィアの最高の地位に就かせる契機となるのだ。

数か月後、怪我から回復したルチアーノは、密かにマランツァーノに会って、彼の陣営に加わることを確約した。ルチアーノが寝返ったことで、マランツァーノは、敵対するマセリア一味を一挙に殲滅することを決意する。

これをきっかけに、密造酒の利権も絡んで、両派の激しい抗争が始まった。このこともあって、その1920年代は、後世、「吼《ほ》える20年代」と一般に呼ばれるほどの狂騒さだ。

1928年になると、これが極点に達し、その後の2年間にわたって、双方に計60人近くの組員が殺害されるほどの激しさである。マランツァーノが、次第に優勢になるが、マセリアは依然として強大な力を保持していた。

その間、復讐の機会を伺っていたルチアーノは、寝返ったことを知らないマセリアを、郊外の遊園地、コニーアイルランドのレストランに巧みにおびき出した。ルチアーノがトイレに入って、席をはずしている隙に、ランスキーが送り込んだシーゲル配下の3人組がマセリアを射殺した。1931年4月のことである。

この結果、マランツァーノは、ニューヨーク・マフィアのトップ、「ボス中のボス」の地位に座った。と同時に、市を5つの犯罪ファミリーに分割して統括し、シシリア島から送り込まれた、最大の使命を果すのだ。

ルチアーノは、その功績を認められて、マランツァーノに次ぐナンバー2の地位を与えられた。だが、疑《うたぐ》り深く嫉妬心の強いマランツァーノは、やがて自分の地位が、ルチアーノに乗っ取られるのではないかと危惧し、彼を消すことを密かに企み、その実行犯まで決めていた。

ランスキーを通じて、それを知ったルチアーノは、その前にマランツァーノを殺害することを決断する。マセリアが殺害されてから半年後に、ランスキーとシーゲルが用意した殺し屋４人が巡査に扮して、マランツァーノの事務所を訪れ、巡査だと思って不用意に出迎えた彼を、その場で殺害した。ルチアーノは、またもやシーゲルとランスキーに助けてもらった。

これでルチアーノは、マフィアの頂点に立ち、その組織を全国的に統一して、近代化を進めるのだ。

大恐慌の勃発

ギャングの抗争で象徴された「吼える20年代」は、「狂騒の20年代」や「ジャズの時代」とも呼ばれたほど、アメリカが狂乱の乱舞にふけった10年間だった。それは、第一次世界大戦後に始まった、大衆の消費生活がもたらした未曾有《みぞう》の経済繁栄を表している。

1920年代ほど、市民が株式投資を話題にしたことはなかったといわれる。それだけ株価が、人心を奪ったのだ。当時の彼らの主な話題には禁酒法や作家ヘミングウェイも上ったが、それにも増して関心事は株式市場である。

誰もが株価は、右肩上がりに上がるだけで、下がるとは考えずに強気だった。株価が上昇すると信じているので、多くの人は一攫千金《いっかくせんきん》を夢見て、有り金をはたいてまで株式に投資した。その結果、株式取引額は日増しに膨れ上がっていく。

このブームを助長したのは、アメリカ国民が楽観的見通しを持っている中で、中央銀行に相当するFRB（連邦準備委員会）が設立され、人々が経済が安定していると安心したことだ。さらに自動車や家庭電器製品などの飛躍的な技術進歩が、国民の生活水準を引き上げたので、消費需要は確実に拡大すると予想していた。

それに拍車をかけたのが、マージン取引である。マージン取引とは、信用取引ともいわれ、客が一定の証拠金か、代用の証券を担保にすれば、証券会社や仲介業者からお金を融通してもらって株式が買えるシステムをいう。

借金で株式を買い、買った株式をさらに担保にして、買い増しができるわけだ。事実、1928年、わずか500万ドルだった株式仲介業者の貸出金、つまりマージンが、19

29年9月には、驚くことに8億5000万ドルにまで膨張した。

しかし、マージン取引で、投資されたのは実際の金でなく、所詮、単に支払うという約束に過ぎない。つまり、当時の市場のブームは、甘い楽観主義に基づいた、膨大な借金という虚構の上に建てられていた。

事実、当時の株価の約4割までが、実を伴わない空虚なものだったという。実際のファンダメンタルズ（経済安定の基礎的条件）に基づかないで、ただ単に株価が上がったから、まだ上がるだろうと、非常に甘く考えられていた。従って、いったん株式市場の信頼感が失われると、相場は音を立てて瓦解《がかい》するのだ。

その恐ろしい悲劇は、ついに1929年10月24日にやってきた。アメリカを奈落《ならく》のどん底に突き落とす、株価の大暴落である。その日の午前に始まった場立《ばた》ちは売り一色で、投資家は買値をいとわずに、持ち株を一斉に売りに出した。

通常、400万株程度の取引高が、この日は1300万株に膨れ上がった。同年9月初め、ダウ・ジョーンズ工業平均株価が381ドルだったのが、その週だけで240ドルに下落し、11月になると、その半分にまで下落するという惨状である。

大暴落の日だけでニューヨーク株式取引所は、40億ドルもの損失を出し、それを整理するのに、所員は翌朝5時までかかったという。やがて、それが津波のように地方に波及し、シカゴやバッファローの株式取引所が閉鎖されると、全国がパニック状態になる。

その週、大損をした大手投資家12人が命を絶つといった有様で、週明けには、一般投資家の多くは、その損失額が大きいため破産に追い込まれた。

その悲惨さを伝える実話がある。著名な作家アーサー・ミラーの父親は、裕福な実業家で婦人服メーカーのオーナーである。一時はマンハッタンの高級アパートに住み、抱えの運転手まで持つ身分だったが、大暴落ですべてを失い、ブルックリンの下町に転居せざるを得なかった。その際、10代のミラーは、パンを家庭に配達することで家計を助けていたという。

突然の大暴落に狼狽した企業は、機械などの耐久財への発注を控え、耐久財メーカーは生産量を削減して、労働者を解雇する。解雇された労働者は将来に不安を覚え、消費物資を買うのを差し控えると、その製造業者がやむなく生産量を減らすという悪循環を引き起こした。

多くの銀行は、保有していた預金で株式市場に投資しているので、株式市場崩壊の結果、行き詰まり、取り付け騒ぎが広範に起きた。中核的な存在である銀行が破産するに及んで、多くの企業は倒産し、多数の投資家が破綻した。

このような連鎖反応と悪循環によって、物価が年々約1割のペースで下落するデフレーションに突入する。失業者は急増して生産量は減り、物価が低下すると、アメリカは深い大不況の奈落の底へと突き落とされた。虚構に支えられたバブルが、はじけたのである。

その規模は、史上かつて例を見ないほどのものだ。失業者の数は、1929年10月に50万人弱だったのが、12月には約400万人に急増し、1933年になると、実に約1500万人までに増大した。これは労働者4人に1人が失業者に相当するという惨状である。この大不況は、グローバルに波及し、世界で約3000万人の失業者を生んだと言われるほどの深刻さだった。

その日が木曜日だったので、「暗黒の木曜日」と称されるほど、後世に悪名を残すことになった。この大暴落が引き金となって、アメリカは底深い大恐慌に突入する。

就任1年目にして大暴落を経験したフーバー大統領は、当初、この不況が限定的なもので、産業界がこれを自助的に克服できると楽観していた。だが、不況があまりにも執拗《しつよう》に続くので、手を変え、品《しな》を変えて対策を講じたものの、焼け石に水である。

1933年、無策で不評を買ったフーバー大統領は再選されず、彼に代わったのが、フランクリン・ルーズベルトだ。不況を克服することを旗印《はたじるし》に、大きな期待で迎えられた彼は、不況を打開すべく、有名な「ニューディール」政策を打ち出し、様々な積極策を取ったが、効果的な施策は見られなかった。

その結果、大恐慌による不況は長期化し、本格的な景気回復が実現するのに、実に10年以上もかかるのだ。皮肉なことに、多くの物資を消耗し、少なからぬ人命を失う戦争によって、初めて不況から救われる。すなわち、1939年に始まった第二次世界大戦がもたらした軍需景気によって大きく助けられて、ようやく本格的に回復し始めるのだ。

しかし、すべてのアメリカ人が、この大恐慌で痛みつけられたわけでなく、富裕層が脅かされることはなかった。当時、すでに貧富の差が乖離《かいり》しており、その最上部5%が保有する富は、アメリカ国民全体の4分の3に達していたという。

富裕層は、アメリカ製品を買って、景気回復につながる需要を喚起するよりも、さらなる株式の値下がりを待って貯蓄に回していた。そのため供給過剰の状態が長らく続いて物価は低迷し、デフレーションが長期化する。この富の偏在が、景気の回復を遅らせる主因の一つだったことは否めない。

多くの失業者が町に溢れ、苦しんでいるのを尻目に、大半の富裕層の人たちは、無傷である。もちろん、その中にシーゲルとランスキーがいた。大暴落が起きたにもかかわらず、禁酒法が多くの批判を浴びながらも、廃止されなかったからだ。「暗黒の木曜日」後も、禁酒法は4年間も存続している。従って、2人は禁酒法の恩恵で、大不況をよそに、依然として甘い汁を吸って、荒稼ぎすることができたのである。

第2章◉禁酒法の廃止

禁酒法の不人気

酒類の製造販売と密輸を禁止したボルステッド法は、当初、その目的を達成したかのように見えたが、多くの抜け穴があり、ザル法だった。例えば、その密輸を取り締まる係官は、全国でわずか1550人しかおらず、広大な国境と海岸線を密輸から守ることは、到底できなかった。

禁酒法は、目的とされたアルコール類の消費量を減少させたどころか、ますます増加させる結果となる。表だって飲むことが違法だったため、家で隠れて飲むようになり、女性が飲酒をする習慣を覚えたという。そのため飲酒量を減少できず、むしろ価格の高騰を招いた。また、飲酒することが違法であるにもかかわらず、大半の市民はこれを無視したことから、法律に違反することに無神経となった。禁酒法が、法律を軽視する風潮をつくったといわれている。

しかもこの禁酒法施行によって、飲酒者は減少すると思われたが、むしろ増加し、飲酒による犯罪が増加した。酔っ払いによる犯罪や治安紊乱《びんらん》行為は、施行以前に比べ41％も増え、酒気帯び運転に至っては、81％と急増した。

とりわけ重大だったのは、ギャングが禁酒法に便乗して、深くかかわり始めたことだ。中でもこの禁酒法は、組織暴力団に巨利を産むドル箱となり、莫大な利益をもたらした。その結果、彼らの活動に不可欠な資金を豊富に与え、組織の全国的結束を促進し、強大な単一の組織に発展させた。

禁酒法の施行前は、ギャングはアメリカ各地で乱立し対立していた。その頃のギャングは、取るに足りない存在だったと過言してもよい。だが、禁酒法の施行を契機に、酒類の密造販売で上げた莫大な利益が転がり込むにつれ、これを劇的に一変させるのだ。

ルチアーノの率いるマフィアは、これで得た莫大な資金を背景に、敵対するギャングを容赦なく抹殺《まっさつ》し淘汰した。その結果、１９２０年代に大都会、特にニューヨークとシカゴを中心にした、組織暴力団の独占的地位と権力が確立された。

先に触れた血なまぐさい闘争によって、ニューヨークではルチアーノが大きく頭角《とうかく》を現し、彼を助けたシーゲル・ランスキー一派と、ますます結束を固くした。１９２０年末に近づくと、ルチアーノが率いるマフィアと、シーゲル・ランスキー一派は、アトランタで全国大会を開催するほど、マフィアは全国的に組織化される。

さらにこの禁酒法がもたらした、大きな社会悪がある。マフィアは、アルコール類の密売によって得た金で地盤を拡大して、より多くの利益を上げるため、政治家や裁判官、警察などを数多く買収し、政界や司法界を汚染させたことた。例えば、シカゴの縄張りを握っていたアル・カポネは、警官や裁判官のみならず市長までも掌中《しょうちゅう》に収め、市を思いのままに動かしていた。

このようにボルステッド法による「崇高な実験」は、崇高どころか、明らかに「惨《みじ》めな失敗」に終わった。そればかりか、犯罪の増加や腐敗などの多くの弊害と禍根《かこん》を残すこととなり、これが現在に至っても、さまざまな分野でアメリカ社会の病根となって尾を引いている。そういう意味から、この禁酒法はアメリカ史上の一大汚点として、極めて重要な意義を有している。

1933年になると、大統領に新たに選出されフランクリン・ルーズベルトは、同年12月、すでに実効性を失い空洞化しているボルステッド法を、施行後13年にして廃案にした。特筆すべきは、禁酒法のため特別に成立された憲法修正18条が、この時、廃止されたことだ。アメリカ史上、憲法の修正箇条が完全に廃止されたのは、これが最初で最後のことである。

犯罪シンジケートの誕生

頭の固いマセリアとマランツァーノが去った後は、果てしない抗争に疲弊《ひへい》しきったこともあって、ルチアーノとシーゲル・ランスキー一派は抗争に終止符を打った。ルチアーノを中心に、ランスキーがブレーンとなって、暴力団同士の無益な殺し合いを止めさせるため、組織の系列化と寡占《かせん》化を強力に推進する。1932年末に、アメリカ全土からマフィアのボスが召集され、ニューヨークの豪華ホテルの一室で全国的な会合が初めて開催された。その結果、マフィアは大同団結して全国的な犯罪シンジケートが結成され、近代的で効率的な一大組織へと脱皮する。

そのために、配下に〝ファミリー〟、つまりグループを作って、全国の都市や地域別に24に分割し、それぞれに、その組織活動の独占権を与えた。ニューヨークには、マランツァーノから引き継いだ5つのファミリーをそのまま置いて、行政区別に縄張りを割り当てて、互いの縄張りは不可侵とされた。このような独占権を与えられた上に、強力なシンジケートによって支援されたので、その地区のボスは、縄張りでますます強大な力を発揮するようになる。

シンジケートは、株式会社の重役会のように運営された。各地区を代表するボスは、みな平等の資格で会合に参加し、ボス同士の紛争やもめ事は、この場で裁定され、統一的な政策が決定された。例えばラスベガスを、ボスの誰もが参加できるオープン・シティにしたのは、この会合である。

これはアメリカの組織犯罪史上、画期的な出来事だ。それまでは、ボス同士の紛争があれば殺し合いが始まり、血なまぐさい報復が繰り返されていた。だが、この無用な消耗戦に終止符が打たれ、話し合いで問題を解決する、民主的な道が開かれたのだ。

その上、全国的に縄張りが明確に分割され、独占的利権が確立した結果、不要な競合が排除された。それはシンジケートが、企業が無駄な競争を避けて利潤を確保するカルテルのように組織化されたことを意味する。

この組織は、現今に至るまで厳存している。マフィアのボスが投獄されたり、殺害されたりして、メンバーが欠員になっても、それに代わる人物が必ず現われ補填《ほてん》された。利己的で貪欲なボスたちを説得して、後世に残るような統一組織を結成したルチアーノの先見性と手腕には、見上げたものがある。

禁酒法が廃止されて、アルコール類を販売することが自由になったことから、シーゲル・ランスキーとルチアーノは、他の儲け口を探さねばならなかった。そこでランスキーは、最も得意とする賭博ビジネスに専念し、シーゲルはのみ行為に走った。

一方、ルチアーノは、かねてから販路を開拓していた売春と麻薬密売に力を注いだ。この機に、シンジケートが結成されたのは、地盤が強化されたことになり、この分野を拡大する上でタイミングがよかった。

その傍らシンジケートは、内部の団結を一層堅固にするため、殺人を専門に引き受ける、悪名高い通称「殺人請負会社《うけおい》」をビジネスとして始めた。殺し屋を月給制で雇うほど、企業のように組織化されていた。

警官や新聞記者を殺害すれば、大きな社会問題になるので、餌食《えじき》となったのは、反目《はんもく》するギャングや密告者、組織からの脱落者である。彼らは、シンジケートの類《たぐい》の人間だから、世間から騒がれずに始末できるのだ。

シーゲルは、組織外の人から殺人について聞かれた際に、「おれたちは、仲間しか殺さないよ」と、何の罪意識もなく言ってのけた。つまり、「君みたいな堅気《カタギ》の連中には、手を出さないから」と安心させた。一方、身内の掟《おきて》破りに対しては、容赦なく冷酷無比に対処していた。

このような殺人は、1940年に多数の実行犯が逮捕されるまで、10年も続いた。その間、「殺人請負会社」が血祭りに挙げた数は、1000人に上ったといわれる。その殺人は、名が示すように、あたかもドライなビジネスのごとく組織的に、しかも綿密に計画されて実行された。さらに殺し屋は、アメリカ国内のどこへでも派遣され、殺害を冷酷に行った。

例えば、雇った殺し屋の一人に、〝ダッシュ（突進）〟のあだ名がついた者がいた。その名がついたわけは、彼が拳銃を発砲した相手が、死んだかを確認するため、ブロック（1区画）を一回りダッシュしてから戻って、とどめを刺したことに由来する。また、中には殺した相手の名前すら知らずに、翌朝の新聞でそれを知ったという無法者もいたという。

「殺人請負会社」の創設者の一人だったシーゲルは、個人的な恨みを果たすため、これを利用したこともある。1934年のある日、シーゲルとランスキーがいた事務所の暖炉に爆弾が仕掛けられていたのをシーゲルが見つけ、爆発寸前に、それを窓から投げて難を逃れた。シーゲルは軽症ですんだが、2人は危うく一命を落とすところだった。これは敵対するギャングの一員、トニー・ファブリオゾの仕業なので、シーゲルは復讐することを決心し、計画を綿密に立てて実行した。

まずアリバイをつくるため、シーゲルは、この事件で受けた精神的ショックを治療するという名目で近所の病院に入院する。そこで睡眠しているように見せかけるため、ベッドのシーツの中に毛布を入れて膨らませて、病院の窓からこっそり抜け出した。そこで示し合わせた仲間2人と合流して、ファブリオゾの家を訪れた。

3人は刑事を装っていたので、家人は警戒することなく戸を開けた。3人は奥の台所で食事を取っているファブリオゾを射殺した。その後、シーゲルは何食わぬ顔で、病室に戻って、ベッドに潜《モグ》り込んだ。

ルチアーノの検挙

禁酒法時代のマフィアは、一般庶民にとって、自分たちが渇望するお酒を、危険を冒しながら提供してくれるロビンフッドのような存在だった。不法者だとはいえ、好意的に迎えられ、むしろ市民の味方とみなされていた。

しかし、禁酒法がいったん廃止されると、世論は一変する。絶え間ない暴力行為や残酷な殺人に、さすがに市民は業《ごう》を煮やし、暴力団に対する轟々《ごうごう》たる非難の声が巻き上がるようになった。

それに応えるかのように登場したのが、辣腕《らつわん》家のトーマス・デューイである。ニューヨーク州知事のハーバート・レーマンが、彼を暴力行為や風紀を取り締まる特別検察官に任命したのだ。後にこの時の手腕と実績が認められて、ニューヨーク州知事に出世し、それを踏み台にして、ルーズベルトと大統領の座を争う共和党候補に、2度もなったほどの人物である。

デューイは、まず犯罪シンジケート、中でもシーゲルとランスキーの盟友であるルチアーノに狙いをつけた。

大恐慌後の1930年代は、一般のアメリカ人にとって長くて苦しい時代だった。多くの人は破産して家を失い、職にもありつけなかった。仕事を求めて放浪する若者が、数十万人に及んだ。大都会の方々で、食事の無料配布を受ける長蛇の列ができるのが、見慣れた光景になった。

このように市民が苦しい目に会っているのを尻目に、ルチアーノは何の影響を受けることもなく、売春事業であくどく金を儲けている。彼は、人にセックスへの欲望がある限り、如何なる時勢になっても、どんな階層にでも、売春は利用されると考えていた。

ルチアーノは、売春事業を得意としていただけに、この分野を積極的に手がけて、拡張し、売春宿をチェーンストアのように展開するのが長年の夢だった。

今でも語り伝えられる有名な話は、業者が密造酒の見本を試すかのように、女好きだったルチアーノは、自ら多くの女性と性的交渉を持った結果、梅毒に1回、淋病に7回もかかったといわれている。

ルチアーノの違法ビジネスを内偵していたデューイは、配下に20人からなるチームを編成し、彼を検挙すべく懸命な捜査を続けた。その結果、１９３６年1月、ルチアーノが経営する多数の売春宿を、警察とともに一斉に襲って、売春婦を根こそぎ検挙する。その手入れを行った場所は80か所にも上り、検挙されたマダムやポン引き、売春婦の数は、１００人超に達したほどの大きな規模である。

検挙された彼女たちは、次から次へと簡単に泥を吐き、みんな口をそろえてルチアーノが、裏で自分たちの組織を操っていることを白状した。それに基づいてデューイは、首謀者のルチアーノの逮捕状を取り付けた。逮捕が間近いことを知ったルチアーノは、遠くアーカンソー州に逃亡して、逮捕を免れようとするが、ＦＢＩによってニューヨークに連れ戻された。

有罪判決と投獄

すぐさま裁判にかけられたルチアーノは、彼に対する多くの不利な証言があったにもかかわらず、売春組織を陰で操っていることを、終始頑強に否定した。売春程度の犯罪なら、たとえ有罪になっても、そんなに罪は重くないと軽く考えていたようだ。

しかしその考えは、彼が深く後悔するところとなったほど、非常に甘かった。予想に反して、ルチアーノは起訴事項すべてについて有罪となる。30から38年の不定期禁固刑という、気の遠くなるような厳刑を受けたルチアーノは、まだ38歳の若さである。

彼が送り込まれたのは、ニューヨーク州北部ダネモラの刑務所だ。ここは、数多くあるアメリカの刑務所の中でも、〝シベリア〟のあだ名がついているくらい、厳重な監視の下に置かれ、冷酷で非人間的な扱いを受ける場所として悪名高い。

ルチアーノは1日のうち、平均15時間、独房に閉じ込められていた。日中、与えられた仕事は洗濯作業である。だが、そのうちに裏から手を回して、シンジケートの運営について、獄中から部下に密かに指示を与えて、権力を堅持していた。

ただルチアーノは、シンジケートの大事な財務については、最も信頼するランスキーにすべてを任せた。これはアメリカの犯罪史上、特筆すべき行為なのである。

なぜなら、財務を管理するのは、マフィアの血液ともいうべきお金を、ランスキーが一手に収めたことになり、これを機に、実権をランスキーが掌握《しょうあく》し、実質的なボス中のボスになったことを意味するからだ。

多くの修羅場をくぐりながらも、ルチアーノがランスキーをどれほど信頼したかについて、多く伝えられている。例えば、ルチアーノとランスキーは人種こそ違っているが、以心伝心の仲である。何もくどくどと説明しなくても、相手の言っていることが、すぐに理解できたという。これは、イタリアとユダヤの文化や習慣、母語が大きく異なることを考えると、極めて珍しいことだ。

ルチアーノは、ユダヤ人のランスキーが、イタリア人の考え方を自分よりもよく知っていると、何時も感心していた。ある時、ランスキーに向かって、

「きみのお母さんはユダヤ人かもしれないが、乳母がイタリア人だったんだろう」

と、冗談口を叩いたほどだ。

しかも、ランスキーが賢かったのは、決して表に立たないようにしたことだ。ルチアーノがシンジケートのトップの座に就いても、決してねたまなかった。むしろ自分がその座に就けば、自分の名が世間に知れわたり、警察から注目されるのを極度に警戒していた。

しかも、ルチアーノを組織のトップに据えている方が、多勢を占めるイタリア人マフィアを手なずけやすい。賢いランスキーは、お金の管理を任せられても、陰ながらナンバー2としての地位に甘んじていた。マフィアの膨大な金、中でも、ラスベガスの利権から上がる莫大な利益を、一手に握りながらも、あくまでもシンジケートの裏方に回っていた。

ランスキーは、地位や評判よりも、金さえ自由に扱えればそれで満足している。シンジケートを、あくまでも利潤を上げるビジネスの場として考えていた。お金さえおさえていれば、貪欲なイタリア人主流の集団にあって、彼らに対する抑止力となり、ひいては自分の命を守る切り札になる。このように彼は、その優れた頭脳と才覚で、冷酷な暗黒社会の中を巧妙に立ち回っていたのだ。

事実、ランスキーは、数々の悪事を重ねたにもかかわらず、警察がマフィアの実力者としてリストアップし、世間の注目を大きく浴びたのは、なんとルチアーノが投獄されてから15年後の1951年である。それはシーゲルが殺害されてから4年、ルチアーノが国外追放されてから、実に5年も立っている。

シーゲルに捜査の手が

デューイ特別検察官は、ルチアーノを有罪にした勢いで、今度はシーゲルに捜査の手を伸ばす。先に触れたファブリオゾを殺害したときに使ったアリバイが崩れかけた上に、シーゲルの派手な私生活ぶりが人目を惹いたのが大きな弱みとなっていた。彼が逮捕されるのは、もはや時間の問題となった。

それを事前に察知したシンジケートは、司直の手が伸びる前に、シーゲルの処置について急遽合議を行った。マフィアがこれ以上巻き込まれないように、彼を今すぐ消すか、それとも、ニューヨークから追放するかの選択に迫られた。

彼を殺害することに、猛烈に反対して窮地を救ったのが、刎頚の友、ランスキーである。ランスキーは、西海岸のカリフォルニアが極めて有望な市場なのに、未だに組織化されていないことを理由に、シーゲルにこの地の任務に当たらせることで、メンバーを何とか説得できた。シーゲルにとって、幼少時に彼に窮地から救われたことに続き人生を左右する2度目の助けとなった。

ランスキーから西海岸に追放されることを聞いたシーゲルは、反発するどころか、意外にもあっさりと聞き入れ、住み慣れたニューヨークを離れることに異存はなかった。というのも、逮捕が身に迫っていることもあり、ランスキーに次いで、何時もナンバー3に扱われていることに不満を抱いていたからだ。

カリフォルニアに移れば、周りからあれこれと、うるさく干渉されずに自由に振る舞える。未開拓の新天地で、好き放題に行動できて、自分の夢見る王国が築ける。もともとが、わがままな性分だっただけに、喜んでニューヨークを離れたと言ってもよかった。しかもそこには、美男美女が群がるハリウッドがある。自分が美男だけに、あわよくば俳優になる可能性もあった。

シーゲルはようやく積年の夢がかなえられるので、大きな希望を抱いて西海岸に移住した。彼の読みは見事に当り、期待通りに、あるいはそれ以上に、すべてがうまく展開するのだ。

カリフォルニアへの移住

1937年に、シーゲルが西海岸に移ったとき、彼はまだ31歳の若さであり、当時のハリウッドは、まさに黄金時代を迎えようとしていた。

そもそもハリウッドは、その約50年前までは広大な牧場にしか過ぎなかった。1910年に入ると、ニューヨークのネスター・フィルムという無名の撮影会社が、冬場でも撮影ができる温暖なこの地を選んで、最初にスタジオを構えた。それを走りに、映画制作会社が続々と東海岸からハリウッドへ移り、この地は驚異的な発展を築くこととなる。1920年には、すでに70社以上のスタジオが存在し、映画の80％超もが、同地で制作されるようになった。

中でも1920年後半に無声映画から、有声映画、いわゆるトーキーに改善されると、その人気と需要が爆発的に起きる。多くの産業が折からの大不況にあえぎ、スランプに陥っていたのとは対照的に、映画産業は非常な好況である。

というのは、入場料が当時でも安価な25セントなので、不況下の生活苦にあった、庶民でも週1回は楽しむことができた。例えば、1930年のアメリカの全人口は約1億2000万人（現在は約3億人）だが、映画の切符が、毎週約1億枚も売れたほどの盛況だ。しかも映画は、当時の大不況下の苦しさを、一時なりとも忘れさせ、そこから現実逃避させてくれた。

今でも伝説的な存在となっている俳優に、当時の女心を虜《とりこ》にしたルドルフ・ヴァレンティーノや、社会を風刺するチャーリー・チャプリンがいた。

その上、都会には、雨後の竹の子のように立派な映画館が続々と開設され、一般に〝パレス（宮殿）〟と呼ばれるほど、建築様式に独自の奇抜さを加えて、際立った豪華さを誇った。好奇心も手伝って、大衆はこぞって、その建物を見物にでかける傍ら、映画を楽しんだ。

例えば、1926年にオープンしたニューヨークのロクシー劇場は、その最たるものだ。

「映画の殿堂」と称されたほど豪華絢爛《けんらん》な作りで、ロビーの天井から下がっているシャンデリアの全長は、実に18メートルもある。6000人も収容できる、派手な赤いベルベットの席に、ユニフォームを着た案内人が観客を先導し、客を王様か貴族にでもなったような気分にさせた。ロクシー劇場がオープンした初日は、125人のニューヨーク市警察官が動員されて整理に当たった。この日には、チャーリー・チャップリンもわざわざ出席し、カルビン・クーリッジ大統領までもが祝辞を贈ったという。

当時、ロサンゼルスに建設された著名な劇場チャイニーズ・シアターは現存している。ここは、劇場前の歩道に多くの著名俳優の手形が残されており、今でも観光の名所となっている。

映画そのものの面白さもさることながら、このような目を見張るような豪華な劇場が、全国方々に建設されて、大衆を惹きつける上での大きなアトラクションとなり、吸引力となった。

さらにシーゲルがロサンゼルスに定住して間もなく、ウォルト・ディズニーが、初めて90分にも及ぶ長編アニメーション映画『白雪姫』を公開する。それまでアニメーションは、もっぱら短編なので、長編にすれば観客の関心を引き止められず、うまく行くはずはないと考えられていた。

ところが、いったんそれが公開されると、大方の予想に反して、観客から大きな驚きと賞賛の声で迎えられた。この結果、ディズニーは、それを機に、映画界で不動の地位を築くこととなる。

西海岸に移住したシーゲルは、高級住宅地、ビバリー・ヒルズに35部屋もある白亜《はくあ》の豪邸を購入し、ここを拠点にする。そこでブルックリン時代からの幼馴染《おさななじみ》で、悪役専門の俳優として名高いジョージ・ラフトと旧交を温め、彼の紹介で、映画界の大物製作者や著名俳優と多く知り合うことができた。

シーゲルが最初に手がけた仕事が、掌握しやすいエキストラ（臨時雇いの俳優）の労働組合だ。エキストラは、臨時雇いという不安定な立場にあるとはいえ、彼らの助けがなければ、映画が作れないほど重要な存在である。

一方、彼らは、陰の弱い立場にあるのでコントロールしやすい。シーゲルはこれに目をつけて、その組合を暴力と脅迫でたやすく掌中に収め、これを基盤に製作者や役者をゆすり始めた。こういう逸話が残っている。

あるハリウッドのパーティで、シーゲルはプロデューサーに面と向かって、

「貴方がエキストラを使うには、1万ドルかかるよ」、

と言ったことがある。相手が、その意味がつかめずに、

「それはどういう意味だ？」

と尋ねたので、親指と中指の2本指を合わせてパチンと鳴らし、

「エキストラが、このように一瞬にしてロケ現場から立ち去ったらどうする？　連中は、みんなおれの手下なんだ。払わなければ映画ができないよ」

と脅かすと、プロデューサーは、後にシーゲルに金を払ったという。

彼は、その仕事で、ハリウッドに移住した初年だけで、40万ドル（現在価値換算約800万ドル）も稼いでいる。

やがてシーゲルは、一見、人当たりのいい態度と美貌で、ハリウッド社交界の人気者となった。彼は結婚をして、すでに2女をもうけていたが、それとは一向お構いなしに、派手に遊んでいた。

シーゲルがやくざ者だと、うすうす感じていたものの、彼の美貌に加えて金力や権力に魅せられて、多くの女性が周りに群がった。当時を知る人によれば、それは、あたかも灯《とう》火《か》に惹かれる蛾のようだったという。

初めは、フランスの二流女優、ケティ・ガリアンとねんごろになり、彼女を売り出すべく5万ドルも使ったが、無駄使いに終わった。彼女と別れた後も、多くの有名女優と浮名を流した。

カリフォルニアでの組織犯罪

シーゲルがカリフォルニアに移住するまでは、同州には組織犯罪らしいものはなかった。ジャック・ドラーニャというマフィアの小物が同地を縄張りにしていたが、シーゲルがシンジケートから直々に送り込まれたのを知るに及んで、シーゲルに従属し手先となった。

シーゲルは既存の縄張りを再編成しながら、エキストラ労働組合以外の新分野の開拓に着手する。手始めに売春組織を拡張しながら、メキシコからのヘロインを密輸するルートを作った。しかし、彼の最大の情熱は賭博に向けられた。なぜなら、賭博は労せずして濡れ手に粟のように巨利が得られるからだ。

当時、カジノ賭博は、国内で許可されず違法なので、それを逃れるため、シーゲルは国内法が及ばない領域外の船上にカジノを設けた。その後、間もなくロサンゼルスにおける競馬賭博を一手に握るようになると、いち早く目をつけたのは、レース結果を報じる電信サービス事業だ。それには当時の特殊事情がある。

競馬の呑み屋（賭博行為の私的胴元）は、全国で行われる何千もの競馬レースの詳細な情報を、内密裏に素早く入手することが不可欠だ。例えば、馬場《ばば》のコンディションから、騎手の変更や出走馬の取り止め、とりわけ馬の着順やレース・タイムを早急に知らなければならない。その上、出走直前のオッズや、どの馬に多くの掛け金が賭けられているかを知りたい。

ところが、当時、遠方への迅速な通信手段は電報しかなく、現在のような長距離電話の即時通話はない。電信事業はウエスタン・ユニオン社に独占されていたが、同社は法律上、レースの最終結果が正式に認められるまでは、それを流してはならなかった。そのため、時間上のギャップが生じて、そこに付け込む隙《すき》ができる。

なぜなら、レースが終わっても、写真判定や騎手からの異議申し立てなどで、正式判定が出るまで、何分か、時には15分以上も待たされることが度々あるからだ。その間、呑み屋が、最終結果を知るのが他より遅くなると大損をする恐れがある。これは呑み屋にとって死活問題なので、多くの呑み屋は、高い受信料を支払ってでも、迅速な通信サービスに依存せざるを得ないのだ。

シンジケートは、ウエスタン・ユニオン社の結果が流されるのが遅いことに、いち早く目をつけて、違法ながらも、競馬場を流す全国的な電信事業を始めた。1940年になると、彼らの電信会社、コンチネンタル・ワイアー・サービス社とトランス・アメリカ・ワイア社の2社が独占するようになる。

前者は、シカゴのギャング、ジェームズ・ラガン、後者はアル・カポネが所有していた。ところがカポネは、シーゲルとブルックリンの下町で一緒に育った竹馬の友である。そのためカポネを敵に回すことは、とてもできないので、やむを得ず、彼はカポネがコントロールするトランス・アメリカ・ワイア社を通じて西海岸の地盤拡張を図った。

顧客が多いカリフォルニア州に食い込もうとするが、ライバルのコンチネンタル・ワイア・サービス社がすでに強力な地盤を築いていたので、容易に崩せない。やむなく、隣接州のネバダやアリゾナへの拡大に力を注いだ。

シーゲルが、敵対するコンチネンタル・ワイア・サービス社の地盤を奪うのに、実に６年もかかった。それも同社を掌握していたラガンを、１９４６年、シーゲルが派遣した殺し屋に殺害させて、初めて実現する。

この功績によって、彼がこのトランス・アメリカ・ワイア社を一手に任せてもらえると思ったところ、意外にも、東部のシンジケート本部から、同社を直接管理すると通告されたのだ。功績を認められなかったシーゲルは激怒し、ネバダやアリゾナの各州はいいとしても、カリフォルニア州は自分一人で取り仕切れると激しく反抗し、シンジケートの決定を受け入れなかった。

シンジケートの本部決定に反対することは、死刑にも値するほどの重大行為である。このようにシンジケート本部の心象《しんしょう》を悪くさせたことは、後々に彼の運命を大きく左右する要因となった。

第二次世界大戦の勃発

シーゲルが西海岸で懸命にシンジケートの再構築を図り、通信事業でぼろ儲けをしている間に、ヨーロッパでは風雲急を告げていた。

アメリカでルーズベルトが大統領に就任した1933年に、ドイツではヒトラーが総統として独裁権を握った。イタリアでは、ファシストのムッソリーニがすでに台頭し、1935年にエチオピアに侵攻していた。ドイツとイタリアは、その後、日本を巻き込んで、国際社会で優位に立っている英独仏に対抗する、枢軸国の三国同盟が結成される。

ベルサイユ条約は、敗戦国ドイツが、第一次世界大戦の終戦処理として、しぶしぶ締結したが、ヒトラーはこれを全く無視する。まず手始めに、1936年、条約によって非武装地帯となったライン川西部のラインラントに軍を進め、次いで1938年に、オーストリアを併合してしまう。さらに、ドイツ系住民が虐待されているのを口実にチェコスロバキアのズデーテン地方を占領する。

この相次ぐ侵略行為に対して狼狽した英仏は、それを阻止すべくドイツとの妥協を図るため、1938年のミュンヘン会談で、「名誉ある平和」を守るためと称して、ズデーテン地方の占拠を容認するのだ。これは屈辱的な大誤算となり、英仏にとって史上に残る一大汚点となった。この英仏の弱腰によって、ヒトラーの野心を、ますます掻き立てる結果となる。

その後、反共を掲げていたヒトラーが、思想的に相容れないと思われたソ連と、突如、不可侵条約を締結し、密かにポーランドの分割を互いに約束した。その条約が締結された10日後に、ヒトラーは早々とポーランドを侵略する。

チェコスロバキアのズデーテン地方の占領を承認して、卑屈な思いをさせられた英仏の堪忍袋の緒《を》が、ついにここで切れた。度重なる侵略を見かねた英仏は、1939年にドイツとイタリアに対し宣戦布告を行い、全世界を巻き込み、約4000万人もの膨大な犠牲者を出した第二次世界大戦が勃発《ぼっぱつ》する。その間、アメリカは、枢軸国の侵略行為を激しく非難しながらも中立政策を取っていた。

戦時中のシーゲル

シーゲルはこの戦争の混乱に、私的な事情から巻き込まれている。彼は1937頃に、イタリアの裕福な伯爵夫人、ドロシー・ディ・フラッソとねんごろになっていた。彼女の方がシーゲルに、ぞっこんほれ込んでいて、一緒にイタリアに旅行することを盛んにせがんでいた。

その頃から、地元紙がシーゲルの暗黒街との深い関係を盛んに暴きはじめた。それは、それまで彼の暗い背景を知らない、中でもハリウッドの多くの友人や関係者に大きな衝撃を与えた。このこともあって、騒動のほとぼりが冷めるまで、フラッソと一緒にイタリアを訪ねることを決心する。

この旅行は、彼にとって、遊びのほかビジネスも兼ねていた。ムッソリーニに、画期的な爆発物を売り込むためである。彼女の顔を利かせて、興味を持ったムッソリーニと面会したが、触れ込みに反して、それが不発に終わったので実現しなかった。

他にも、その時の有名な実話が残っている。フラッソはイタリアの名門の出である。ローマ滞在中に、彼女の豪華な邸宅で、たまたまヒトラーの両腕のハーマン・ゲーリング空軍元帥と、ヨゼフ・ゲッベルス宣伝相が滞在しており、彼らと出会ったのだ。

シーゲルは、ナチスがユダヤ人を組織的に虐殺していることをすでに知っていたので、ユダヤ人の彼は、個人的な感情も手伝って、本気で2人を自分の手で射殺しようとした。だがフラッソは、殺害すれば、主人フラッソ伯爵の責任が問われて、名門の名に傷がつくとの理由から、興奮するシーゲルを懸命になだめて、ようやく事なきを得た。

しかし、シーゲルは後になって友人に、あの千載一遇《せんざいいちぐう》のチャンスに、「なぜ奴らを殺さなかったのか」と大いに悔やみ、盛んにこぼしていたという。

殺人鬼、レレス

1939年夏、シーゲルはヨーロッパからハリウッドに戻ったが、厄介な問題が持ち上がる。彼の一味で「殺人請負会社」の中心人物、殺し屋のエーブ・レレスが、東海岸で検挙され、死刑になることを恐れて泥を吐き始めるのだ。

レレスは、1940年2月に、こそ泥を殺害したかどで検挙されたが、それまでに、16年にわたって、実に42回も検挙された前科があった。その犯罪は、殺人から強盗に窃盗、それに暴力行為や麻薬所持などと、ありとあらゆる悪事である。これほど多くの犯罪暦がありながら巧みに逃れ、重罪で服役したことは一度たりともなかった。

彼のあだ名は「キッド・ツイスト」、すなわち「ねじりの若造」である。というのは、彼はずんぐりした体格だが、指の力だけは人一倍強い。指先は異常に幅広く平らで、それで釘を板に直接打ち込めるほどの固さがあり、その指先の一ひねりで、人の首を折って殺したことから、このあだ名がついている。

検挙された当初は、頑として口を割らなかったが、妊娠している彼の妻が、夫の死刑を恐れてレレスに、「父親のいない子にだけは、させないで！」と、泣きながら懇願した。

これには数々の殺人を犯したさしもの冷血漢の彼も、心を大きく動かされる。担当の検察官たちは、レレスが到底、口を割らないだろうと思っていたが、死刑を免れるのと引き換えに、極悪非道に慣れているはずの検察官ですら驚くような犯罪を、次々と白状する。仲間と一緒に50以上もの殺人にかかわった事実を、一部始終、克明に打ち明けた。その自白《じはく》の記録は、速記録にして25冊にも及び、後になって、その信憑性《しんぴょうせい》が十分に裏付けられたほどの正確さである。

この白状で、とばっちりを食ったのがシーゲルだ。その一連の殺人の協力者として指を差され、この容疑で、１９４０年夏、彼はロサンゼルスの留置場に放り込まれる。しかし留置場の中では、シーゲルは有名人扱いであり、食事はグルメ料理の出前を取り、看守からは王様のような特別扱いを受けていた。留置場からの出入りも、通行証を与えられて自由になり、同年12月に容疑が晴れて釈放された。

一方、レレスは、検察側にとって重要な証人なので、マフィアからの報復を警戒して、6人の刑事に24時間、厳重に監視されながら保護されていた。ところが、隔離されてから1年後の1941年11月、彼はニューヨークの遊園地コニー・アイランドにあるホテルの一室にかくまわれていたが、ある日の早朝、その9階下の道路で死体となって発見された。レレスは、ホテルの壁から6メートルも離れて横たわっており、そばにはシーツでできた縄があって、窓から飛び降りたような痕跡が残されている。だが、壁からそんなに遠く離れて死ぬはずはなく、誰かが彼を窓から放り出したとしか考えられなかった。部屋には見張りの警官がいたはずなのに、それは不問に付され、自殺として片付けられた。

しかしその20年後、ルチアーノは、5万ドルの大金を払って、警官と刑事を買収して、レレスを殺害させたと回りに洩らしている。彼を見張っていた警官が、レレスをたたき起こした後に、警棒で失神させ、ホテルの窓から放り投げたという。

いずれにしろ、この事件の真相は闇に付され、誰も罪に問われることはなかった。レレスがいなくなり、それで安堵の胸をなで下ろしたのは、マフィアの幹部たちである。

レスの自白が口火になって、「殺人請負会社」のリーダー役で、マフィア幹部のレプキ・ブッカルターだけは、極刑を免れられなかった。4つの殺人にかかわったことが暴露された後に、有力な証言が多く出て電気椅子で処刑された。

ブッカルターは、極悪非道なことで、特に悪名高かった。中でも労働組合を、手段を選ばずに恐怖で支配していた。ニューヨークの衣服、製靴、パン・菓子製造、タクシー、トラック運送などと、多くの労働組合を手中に収めて巨万の富を築き、それを元手《もとで》に企業の乗っ取りに乗り出していた。

彼に抵抗する者がいれば、その工場や倉庫を容赦なく手下に放火させ、当時、マンハッタンにおける不審火の3分の2は、彼の手によるものだと言われたくらいだ。時には、殺人すらも辞さず、彼が直接、手がけただけで100人にも及び、手下にやらせたのは1000人に達したという。ブッカルターは、仲間の1人に、「オレは人を傷つけるのが、何よりも好きなんだ」とうそぶいたほどの冷酷さだ。

ところが彼は、死刑から無期懲役への減刑と引き換えに、犯行を自白することを、何度も検察官から迫られた。だが、仲間の悪事を決してばらさない、マフィアの「死の掟」を忠実に貫いて、頑として拒否し続け、妻を通じてそれをわざわざ声明文にして発表した。

1939年以来、5年間も牢獄に閉じ込められていたブッカルターに、ついに運命の日がやってきた。1944年3月、彼はユダヤ人であり、その日が安息日の土曜日に当たることを理由に、死刑執行の延期を懇願したが、聞き入れられなかった。ラバイ（ユダヤ教聖職者）を伴って、電気椅子に身を投げ出すように座ったブッカルターは、その6分後に死亡が確認された。

シンジケートの最高幹部で死刑に処されたのは、ブッカルターが最初で最後となる。なお、彼が処刑される直前に、同罪の手下2人も続けて死刑に処された。さらに数年後、彼の「殺人請負会社」の仲間数人も、レレスの自白の巻き添えで電気椅子に座らされた。その1人は、「レレスの手を握りながら死ねなかったのが残念だ」と恨《うら》み節《ぶし》を残して処刑された。これを最後に、悪名高かった「殺人請負会社」は、ついにその幕を閉じるのである。

第3章◉ラスベガスの誕生

待望のラスベガスへ

容疑が晴れて、ほっとしたシーゲルは、1940年から、かねて夢に抱いていたラスベガス構想の実現に本格的に取りかかり、その地と切っても切れない関係に陥る。

現在ラスベガスは、年間、アメリカ人の4人に1人が訪れ、莫大な金を落とす一大娯楽地化している。だがその当時は、めぼしい産業どころか、モーテルすらなかった。その不毛《ふもう》の地にシーゲルが目をつけ、その無限の可能性を信じたのには、立派な理由がある。

ネバダ州には、なんの資源も産業もない上に、1920年代の大不況の影響で、財政的に極端に行き詰まっていた。当時のアメリカでは、賭博は競馬や一部のドッグ・レースを除いて厳禁とされていたが、ネバダ州はめぼしい収入源がないことから、税収を上げるため、1931年3月に思い切って賭博を公認する。

それによって多くの人や企業を誘致して景気を喚起し、財政再建を図った。当時、禁酒法が施行されるほどストイックなアメリカだから、当然のことながらギャンブルは罪悪視されていた。そのような環境の中にあって、ネバダ州が賭博を例外的に認めたことは、異様といえるほど画期的な出来事だ。だが製造業すらもないこの不毛の地に同情したのか、その決定は反対されることなく黙認される。

シーゲルが、その明るい将来性に強い確信を抱いたのは、大不況を解決する切り札として建設された、フーバー・ダムがラスベガスの近くに完成したからだ。この灼熱の地に、大規模なリゾート・ホテルを造るには、水と電気が不可欠である。このダムの建設によって、それが豊富に供給され始めたことから、難問が一挙に解決された。

ラスベガスが、どんなに乾燥して暑いかについて、それを物語る実話がある。シーゲルに案内されて、ランスキーがロサンゼルスから車で、まだ寒村だった同地を始めて訪問した時のことだ。4時間もかかる道中で、あまりの暑さに、ランスキーは車の備品がその熱で溶けるのではないかと心配したと述懐している。

それもそのはずである。彼が訪問した夏のラスベガスの平均温度は41度の酷暑だ。因《ちな》みに同地の年間平均降雨量は、わずか10センチである。

この豊富な電気の供給と相まって、これを助ける救世主がタイミングよく出現する。キャリア社によって、エアコンが始めて開発され量産されたのだ。これさえあれば、どんなに暑くても、室内、中でも賭場の居心地が良くなり、多くの客が呼べる。

またシーゲルは、それまで法の手が及ばない、領海3マイル外の船上で賭場を開設していたが、海上なので客の搬送は不便で手間がかかり、大勢の顧客を集めるのに限度がある。

その点、ラスベガスは近辺の州から、車や汽車で気軽に行ける場所に位置しているので、これが一挙に解決された。

ロサンゼルスから、車で、数時間で行けるラスベガスで賭博が公認されたことは、シーゲルにとって、禁酒法に次ぐ積年の願いをかなえる、金儲けの千載一遇のチャンスとなる。同州では、売春はすでに公認されていたが、大きな利益が得られるのは、やはり賭博である。問題が起こりがちな、人間を扱う売春と違って、賭博はもっぱら運や金などの無生物を取り扱うので、トラブルが起こっても処理しやすい。

その上シーゲルは、売春はあくまでも、賭博をすませた客のための、1つのサービスに過ぎないとみなしており、彼の主眼は、あくまでも膨大な利益が上げられる、ギャンブルに置かれている。

ラスベガス小史

ネバダ州のラスベガスは、南北と東の3つの広大な砂漠に囲まれた地にあり、アメリカで最も暑く、乾燥した町だ。都市として繁栄してから日は浅いものの歴史は古く、遠く1

830年代に、メキシコ人の探検家、ラファエロ・リベラによって偶然発見された。

彼の一団が、広大な砂漠の中に近道はないかと探しているうちに、水が豊富に湧き出ているオアシス、今のラスベガスの場所を、たまたま見つける。それまでは、この一帯はとうてい横断できない「死の谷」と称されたほど、環境が過酷な場所と見なされていた。

ここが発見されたので、アメリカ東部からロサンゼルスに行く上で、砂漠地帯の縁地に沿って遠回りする必要がなくなり、ラスベガスを中継点に利用することで、数日間短縮できた。

当時、この地にはポプラの木や背の高い青草が茂っており、その泉から湧き出る水によって、小川が流れ出ていた。そのことから、スペイン語で「草木の生える低湿地」を意味する「ベガス」（英語ではメドー、ラスは定冠詞）と名づけられた。

19世紀近くになると、モルモン教の本部がある、ユタ州のソルト・レーク・シティーから派遣された教徒が、城壁を築いて町を造ろうとしたが、その過酷な環境に耐えかねて、2年にして撤退する。その城壁は「モルモンの要塞」として、今でも同市最古の建物として現存し、観光の名所となっている。

20世紀に入って、ソルト・レーク・シティーから西海岸をつなぐ鉄道が敷設され、ラスベガスがその主要な駅になると、ようやく町としての体裁《ていさい》を整え始める。鉄道会社が、ラスベガス駅近辺の土地を買収し、それを小分けにして売り出した結果、木賃宿《きちんやど》や酒場、店舗などが開店し、数千人の住民が住み着くようになる。

ラスベガスが、実際に都市としての形態を作り、大きく発展する端緒となったのは、1931年になってからである。というのは、コロラド川をせき止めて、当時としては世界最大規模のフーバー・ダムが、同市の南東、わずか60キロ近くに建設されたからである。

このダムは、長らく続いた大不況を克服する切り札として、第31代大統領、ハーバート・フーバーが4億8000万ドルの巨費を投じた一大プロジェクトだ。当初はボルダー・ダムと称されたが、後にこれを推進したフーバー大統領を讃えて、彼の名を冠した。フーバー・ダムは、人間が作った驚異的な建造物として、万里の長城とともに、世界の七不思議の1つに列せられている。建設の目的は、度々発生するコロラド川の氾濫を防ぐ一方で、需要が高まっている西海岸地方へ電力を供給することだ。

このダムは、途轍《とてつ》もなく巨大で、高さは80階建てのビルに匹敵する約220メートル、厚みは2メートルだ。それに要したコンクリートの量は膨大で、ニューヨークからサンフランシスコまでの2車線の道路を優に設置できるだけの量であったという。

コロラド川の固い岩盤に発破《はっぱ》をかける爆発音が、ラスベガスまで響いたといわれるほどの激しさだった。建設の際には、多くの労働争議を起こし、100人以上の犠牲者を出して、1936年、5年がかりでようやく完成している。

その結果、コロラド川はせき止められ、ミード湖という広大な人工湖ができる空前のダムとなった。この湖には250人乗りの遊覧船が出ており、ダムとともに一大観光地として、未だにアメリカ全土から多くの客を呼んでいる。

当時、大恐慌の影響で、失業者は大都会に溢れていたが、その建設に従事するため、5000人に近い労働者がここに押しかけた。1931年にダム建設が着手された当初は、ラスベガスが一番近い町なので、多くの労働者の居住地となっていた。だが連邦政府は、労働者が賭博の誘惑に負け、仕事をないがしろにして、生産性が落ちるのを極度に恐れた。

そこで、ダムの近くにボルダー・シティという、彼らのための町を特別に建設し、そこに住ませて、賭博を全面的に禁止する。興味深いのは、ネバダ州全体で賭博が合法化されているにもかかわらず、ボルダー・シティでは、未だにこの掟が継承されており、同州の都市で、ここだけが賭博を禁止されている。

ボルダー・シティに多くの住民を奪われたとはいえ、ラスベガスにとって、1931年は歴史的な年となった。1つ目に、フーバー・ダムの完工によって、都市機能として必要なインフラが解決されこと。2つ目に、それにも増して重要なのは、同年にネバダ州が賭博を合法化したことだ。この2つの要素が両輪となって、ラスベガスの将来の発展と成功を約束する確固たる地盤が、築かれた。

ラスベガスにほれ込むシーゲル

1930年代のネバダ州では、北部のリノと最南部のラスベガスが、まだ小規模ながら賭博の中心だった。ネバダ州は、アメリカの他の州に比べて離婚をするのが極めて容易で、リノでは当初は3か月、その後、1931年には、わずか6週間滞在するだけで離婚が認められた。この特典で、全土から多くの人を呼んでいた。

離婚の申請をしている間に、めぼしい娯楽がないので、その滞在者から賭博などで金を巻き上げることができた。だが、ここのカジノでは、キリスト教徒からなるグループが地元の政治家と結びついて、強固な縄張りを作っている。これを簡単に崩せないと見たシーゲルは、まだ開拓されていないラスベガスに力点を置くことにする。ここに魅力的で壮大なカジノを造れば、リノからの客も引きつけられると考えた。

当時、ラスベガスにカジノが全くなかったわけではない。貧弱なホテルが2つあり、両方とも、地元の住民と近くにできた空軍基地の兵士相手に細々と賭博営業をしていた。

シーゲルがまず狙いをつけたのが、その内のエル・コーテズ・ホテルである。いち早くこれを買収し、踏み台にしてラスベガスへ大きく進出することを図る。地元有力者を抱き込んで目的のホテルを買収すると、半年間で17万ドルの大きな利益を上げて、すばやく転売した。

そこで彼は、かねがね夢見ていた、カジノ付きの一大リゾート・ホテルを建設することを決意する。人の度肝を抜くような豪華なホテルを作れば、どんな遠方からでも、喜んで人がやってくると考えた。

ホテルの中心は、もちろんカジノだが、周囲に劇場を作って一流の芸能人を招き、さらに世界的に有名なシェフを呼んで高級レストランを作る。それにテニスコートやプールも設けて、家族連れでも一緒に楽しめる一大娯楽地にすることをもくろんだ。その読みは、将来見事に的中する。

1945年、シーゲルが、これを建てる場所として白羽《しらは》の矢を立てたのが、ロサンゼルスから車でラスベガスに入ると右手にある場所だ。既存のホテルは左手にあるので、右側通行のアメリカでは見つけにくく、入りにくい。

その物件は、ハリウッドでナイトクラブを経営するビリー・ウィルキンソンという金持ちが所有し、ホテルの建設を計画していたが、経営難に陥っていた。シーゲルは、それに付け込んでこの場所を彼から買い取った。

このようにして、後にカジノとなるフラミンゴ・ホテルの構想が出来上がり、場所の選定も終わったので、後はどうのようにして建設資金を調達するかである。

ランスキーは反ナチ運動に協力

シーゲルが、ラスベガスに豪華な賭博ホテルを建設するには、多額の資金を要する。そこで、シンジケートの資金を一手に握るランスキーに相談したところ、彼は快諾し、全面的な協力を約束した。

ところでランスキーにとって、このプロジェクトは非常に重要だが、彼の関心は、別の大問題にも向けられていた。当時、ヨーロッパは第二次世界大戦の最中にあり、多くのユダヤ人がヨーロッパで虐殺されていることが、数々の情報を通じて伝わってきた。それを耳にしたランスキーは、自分がユダヤ人なので気が気でない。居た堪《たま》れなくなった彼は、同胞を少しでも助けようと考え、これに力を注ぐのだ。

興味深いことに、ランスキーは、極悪非道な人間でありがらも、仲間のユダヤ人が危険にさらされると、何をさておいても、彼らを助けることに奔走《ほんそう》した。これは一見矛盾しているようだが、困っている同胞を助けることは、宗教的・民族的義務として、親から教え込まれている。これは彼の身に染み付いており、その点、イタリア人マフィアの考え方と異なる。

シーゲルが、先にローマでナチスの幹部2人を殺害しようとした衝動は、これをよく示している。悪党といえども、同じユダヤ人仲間を助けることが、理屈ぬきに頭にこびりついているのだ。

ヨーロッパで、ナチズムが台頭している頃、アメリカでも、1930年後半頃から、ナチの党員やシンパがおおっぴらに活躍し始めた。ドイツ系アメリカ人が中心となって、親ナチ主義協会「ブンド」を結成し、ユダヤ人の排斥運動を公然と行った。

しかし、アメリカのユダヤ人は、強い嫌悪と憂慮を覚えながらも、これに対抗して団結し、公然と立ち向かうことができない。当時、新参者の彼らに対する偏見が強く、周囲からの反感を恐れて、手を出すことを躊躇した。しかも、アメリカは法律で、集会の自由を保障しているので、ブンドの集会を取り止めさせたくてもできなかった。

ブンド運動がユダヤ人の悩みの種になっただけでなく、このまま放置すれば、アメリカでも、ヨーロッパのような広範なユダヤ人排斥運動に発展すると危惧された。そこで、ニューヨークのユダヤ人政治家や有力者は、ランスキーに、ブンド運動者を徹底的に弾圧することを密かに依頼する。

ランスキーは、ユダヤ人がナチに過酷な目に遭っていることを知っていたので、同胞を助けるために協力を約した。むしろ、依頼されたことを、ユダヤ人としての誇りに感じて、協力を惜しまなかった。

もちろん用心深いランスキーのことだから、自ら手を出さずに、手下のユダヤ人を使って実行させる。彼の指揮下で、作戦は綿密に計画され、実行に移された。問題が大きくなって世間を騒がせてはいけないので、ブンドの集会で参加者を袋叩きにしても、決して殺してはならないと厳命する。

彼の手下は、1年間にわたって、ブンドの集会という集会を、しらみつぶしに棍棒や鉄パイプで襲った。参加者の手足を折っても殺さずに、集会を暴力で妨害し、あたかもよく訓練された奇襲隊員のようにすばやく決行するや、跡形《あとかた》もなく鮮やかに引き上げた。

ランスキーの影響を受けて、ニューヨークだけでなく、対岸のニュージャージー州のニューワーク市や、地方のミネアポリス市、さらには西海岸のロサンゼルスにまで、この妨害運動が飛び火する。そこのユダヤ人マフィアが率先して、このナチス運動を徹底的に封じ込めた。

その結果、一時活発だったブンドの活動は下火になり、やがて、アメリカがドイツと交戦状態に入ると、ブンド運動は反米活動とみなされ、全面的に禁止されて終息する。

ランスキーはラスベガスに乗り気

シーゲルは、ホテル建設に多額の資金が必要なので、エル・コーテズ・ホテルの売却金の使途について、ランスキーと相談した。ランスキーの指示に従って、まずホテルを売却した金、65万ドルをホテルの建設費に充てることにした。それに加えて、同ホテルの既存出資者を口説いて投資させ、とりあえず当面の建設資金として100万ドルを用意することができた。

ランスキーは、シーゲルのラスベガスへの進出に極めて前向きだ。むしろ、彼からの出資提案は、渡りに船を得たといってもよい。なぜなら、賭博ビジネスは、もともと彼が最も得手《えて》とする分野であり、その裏も表も知り尽くしていたからだ。

しかもランスキーは、今まで辺鄙《へんぴ》な田舎町で、非合法のカジノを密かに経営していたが、ラスベガスでは賭博行為が合法化されている。ここでは、警察の手入れを恐れながらの営業ではなく、白日《はくじつ》の下に堂々と開帳できる。

さらにランスキーが、このプロジェクトに積極的だったもう1つの理由に、シンジケートの台所事情があった。禁酒法で得た莫大な金が、スイス銀行に眠ったまま隠匿されている。その額は、実に3600万ドル（現在価値換算7億2000万ドル）にも達する膨大なものだったといわれている。

そもそもランスキーは、目先のきいた鋭敏なビジネスマンである。その預金が生む金利程度の儲けでは、到底満足できない。これを活用してより大きく運用して、巨額の利潤が上げられる投資先を探している矢先だった。そこへ、自分の得手とする賭博ビジネスの大きな構想が飛び込んできたのだ。

シーゲルは、豪華なカジノを建設して、金持ちだけでなく中産階級や低所得者層までも引きつける場所にする構想をランスキーに説明した。映画で見るような巨大な鏡や豪華なシャンデリアをロビーに飾り、室内の家具は、ベルベットやビロードで贅沢に装飾する。また、敷地内にはプールやテニスコートを設け、ホテル内を使用人が歩き回って、客のサービスに何時でも対応できる。ランスキーに、そういう高級リゾート・ホテルのカジノにすることを語った。

賭博に精通したランスキー

ランスキーは、彼の計画に諸手《もろて》を挙げて賛成した。ラスベガスに一大カジノを建設することに成功すれば、賭博でぼろ儲けできる。そのうまみを熟知しているランスキーにとって、それは、まさに紙幣を刷ることを公認されたのと同然である。

カジノの運営について、シンジケートの中で、ランスキーの右に出る者はいなかった。というのも、彼は生来、ギャンブルが三度の飯よりも好きだからだ。他のギャングが、麻薬や売春に手を染めていたが、幼少からのユダヤ教の教えからか、それとは一線を画して直接関与しようとしなかった。

特に麻薬は、人体に危害を及ぼし、健康に直接かかわるだけに本能的に避け、麻薬を売るのは死を売るに等しいとみなし、これで金儲けする連中を見下していた。

ランスキーが得意とするビジネスがギャンブルなのは、確実に大儲けできる容易《たやす》い方法だからだ。その利益率は、３〜５割といわれるほどの、ぼろい商売である。

賭博がどれほど儲かるかについて、ネバダ大学のウィリアム・トンプソン教授が興味ある発表をしている。地元の専門家の意見だけに、信憑性《しんぴょうせい》は極めて高い。

同教授は、スロット・マシンを例に挙げて説明する。ラスベガスのカジノでのギャンブルは、ブラック・ジャックやクラップスなどのテーブル・ゲームと、スロット・マシンの2つに大別できるが、売り上げと収益ともに、スロット・マシンが圧倒的に大きい。スロット・マシンは現在、ラスベガス以外の多くの州でも広く公認され、各地の重要な収入源になっており、その典型的な都市として、フィラデルフィアを挙げている。

1台の売り上げは、年平均約10万ドルである。マシンのコストは1台約1万5000ドルで、償却期間は3年、さらに設置費や維持費、メンテナンス、電気代などの諸経費は、年約2万5000ドルだ。それから税金を差し引くと、マシン所有者の手取りは年約3万2000ドル、実に32%の高利潤となる。この高率で儲けられるのは、マシンに払戻し率(ペイアウト率)が事前に設定されているからだ。それほどスロット・マシンは儲かるという。

なお、ラスベガスのスロット・マシン台数は、約20万台(2015年現在)である。通常の都市ならば、その人口の割合から見て、7000~8000台が普通であるから、それだけ市外からの客に大きく依存していることを意味する。

しかも、ギャンブルは高収益を得られるだけではない。高率の課税を免れる手段となる上に、後述するように裏金を動かしたり、洗浄する格好の方便としても利用されている。

カーペット・ジョイント

1933年に禁酒法が廃止されたことから、ランスキーは、他のビジネスを見つけなければならず、自分が最も得意とするギャンブルにその活路を見出していた。それはシーゲルがフラミンゴ・ホテルをオープンする1946年頃まで続いた。

ランスキーは、可能性があると見れば、地元の政治家や有力者を抱き込んで、非合法のカジノを運営している。その数は、全国で7か所に上った。ニューヨーク州北部の、競馬場があるサラトガ・スプリングスを手始めに、ニューオーリーンズやアーカンソー州のホット・スプリングス、それにフロリダ州マイアミ・ビーチ郊外のハランデールなどである。

賭博の取り締りが厳しい大都会よりも、司直の手が及ばない郊外の小さな町が選ばれたのは、そこの役人や警察を買収することが容易だからだ。例えば、先のハランデールの市長は、同時に市の裁判長も兼ねていた。アメリカでは地方自治が進んでいるので、同じ州でも、下部の郡（カウンティ）が違うだけで独立した行政権を持ち、別天地なのだ。

例えば、マイアミ・ビーチ市はデード郡に所在するが、隣接するブロワード郡のハランデールは、1930年代、トマトが主産物の寒村で無法地帯である。ランスキーは地元有力者と組んで、そこに4つもカジノを密かに開設していた。

それまでの路上や居所を転々と変えた賭場と違って、固定した場所で、しかも絨毯《じゅうたん》を敷く豪華な造りだったことから、通称、〝カーペット・ジョイント（絨毯の溜まり場）〟と呼ばれていた。そこに一流シェフを招いて、必ずレストランを設けたのは、それがないと、客は食事を取るためにいったん外出すると、カジノに戻ってこないのが通例だからだ。

ランスキーのやり口は、その道の第一人者だけに、極めて巧妙である。密造酒を売るときに、低質アルコールを混ぜた粗悪品を決して扱わなかったように、いかさま博打《ばくち》を一切排除して、公平性を期した。

彼は、不正に仕組まれた賭博は、一時的にぼろ儲けできても、長続きしないことを熟知している。公平なカジノを運営すれば、その評判で、多くの客が長期にわたって集まってくる。その儲けの割合の方が、長い目で見れば、いかさま賭博よりも遥かに高く、より多くの利潤が上げられると読んでいた。

ランスキーは、「おれのカジノに来る客は、たとえ負けても、だまされたとは決して思わないよ」と、自慢するのが口癖だった。

賭場のテーブルを仕切るボスやディーラーには、必ず一流所を集め、固定給以外にテーブルでの売り上げに応じて一定の歩合も払った。これで彼らの忠誠心を培い、不正を働かせないようにした。このことから見ても、彼がビジネスマンとしても、非凡な手腕を持っていたことが、よく分かると思う。

彼を知る識者は、彼が通常のビジネスマンだったら、その鋭い分析力と並外れた商才によって、アメリカ一流企業の社長になっていたに違いないと断言したほどだ。事実、その腕前を買われて、後にキューバのカジノの運営を、キューバ大統領から直々《じきじき》に依頼される。

しかし、彼がそれまで運営したカジノは、あくまでも非合法である。従って、彼を守っている地元の政治家がいったん失脚すると、途端に営業ができなくなる危険性があった。また、司直の手が何時入るとも限らず、彼は連邦政府関係者や地元警察から、すでににらまれていた。

さらに、最も繁盛したフロリダのハランデールのカジノは、上客《じょうきゃく》を年中呼べないという弱みがある。1930年代はエアコンがなかったので、酷暑の夏場は避けられ、稼ぎ時は彼らが避寒にやってくる、冬場の数か月に限られていた。

そのような不安定な地位に置かれていたので、ラスベガスのように合法化された場所で、年中、堂々と賭博行為が開帳できることが、彼の多年の願いである。

貴重なアドバイス

ランスキーは、カジノ建設の計画を練っているシーゲルに、自分の豊富な経験からくる、数々の貴重なアドバイスを与えた。そのどれもが、賭博ビジネスの核心をつくものばかりで、彼がどんなに目先が効いているかがよくわかる。

当時のアメリカ人は、カジノといえば、映画で観るようなヨーロッパのモンテカルロやエビアンのカジノを想像している。そこには男性客は白ネクタイで正装し、女性は華麗なドレスを着て、豪華な装飾品を身にまとうという先入観を持っていた。

しかし、ランスキーはシーゲルに対し、誰もがカジノに気楽に入れるように、ネクタイ着用を強いたりせず、普段着でも自由に出入りできる場所にすべきだと助言した。場合によっては、プールから水着姿で、あるいは部屋から寝巻姿で入っても許容すべきだと言った。多くの客層を広く惹きつけるためには、気取った所ではなく、庶民的で大衆的な雰囲気を醸《カモ》し、客寄せのため、有名タレントによる豪華なショーやアトラクションが必要だとした。

さらに、ランスキーが慧眼《けいがん》だったのは、カジノ内に時計を置くことを厳禁させたことだ。

ギャンブルを楽しんでいる客に、時間の経過を意識させることは禁物である。時計を置かなかっただけでなく、カジノに窓を一切造らせず、日が昇ろうが沈もうが、時間を意識させないようにとアドバイスする。

しかもカジノの場所をホテルの中心に設置して、誰もがそこを通らなければ、レストランや劇場に行けないようにし、食堂やプールなどから気軽に賭場に出入りできるように設計させた。

また、彼が提案したのは、ラスベガス空港の到着ロビーにスロット・マシンを置いて、その機械がよく当るようにすることだ。そうすれば、儲かって気をよくした客が、カジノへ、すぐさま直行するからである。もちろん本場では、勝率はもっと低く設定されている。

このようにしてギャンブルの不夜城、ラスベガスの構想が、着々と出来上がるのだ。

ついにアメリカが参戦

シーゲルがラスベガスに目をつけた頃、第二次世界大戦がたけなわとなっていた。ルーズベルト大統領が率いるアメリカは、当初はヨーロッパの戦争に中立的立場を取っていたが、そのうち拱手傍観《きょうしゅぼうかん》するわけには行かなくなる。

というのは、ナチス・ドイツの侵略が目に見えてエスカレートしたからである。1938年にポーランドを降伏させた後、デンマーク、ノルウェー、ベルギー、オランダととどまることなく、次々と支配下に収め、1940年に入ると、フランスまでも占領した。イギリスだけが取り残されて、独力でドイツと戦う結果となっていた。

そこを見かねたアメリカは、イギリスがナチの激しい空爆で疲労困憊《ひろうこんぱい》し、軍資金も枯渇《こかつ》し始めたので方向転換し、本格的軍事援助を行うことを決定する。そこでイギリスに対し、武器や軍需品を無償貸与する法案を、1941年3月に可決成立させた。

その結果、アメリカは経済面だけでなく、実質的に軍事面でも大戦に深入りし始める。それに拍車をかけたのが、イギリス向けに武器や弾薬を輸送したアメリカの船舶に、ドイツ潜水艦が攻撃を加えたことだ。これをきっかけに、アメリカ国内の反独感情が一挙に高まり、ドイツとは一触即発の状態になった。

一方、日本とアメリカの関係も悪化の一途をたどっている。日本が、仏領インドシナ(今のベトナム)に侵攻するや、1941年7月、ルーズベルト大統領は、在米日本資産を凍結し、日本向け石油の輸出を全面的に禁止した。

たまりかねた日本は、同年12月8日、真珠湾に奇襲攻撃を決行し、アメリカ太平洋艦隊を半ば全滅させ、アメリカ軍人約2400人が犠牲となった。その翌日、アメリカは日本に対し宣戦布告を行い、太平洋戦争が勃発する。その4日後に、同盟関係にあったドイツとイタリアが、アメリカに対して宣戦布告を行い、これでアメリカを巻き込んだ、本格的な世界規模の全面戦争に突入する。

ルチアーノの国外追放

ところで、アメリカが参戦したことが、その頃、過酷なダネモラ刑務所で呻吟《しんぎん》していたルチアーノを、意外にも助ける結果となるのだ。

ルチアーノは、服役してから5年経っていたが、その間、所長に裏から手を回し、友人や親戚の訪問の自由が許されていた。シンジケートの実権を依然掌握していたので、これで外部との連絡が一層取りやすくなった。

彼は殺伐《さつばつ》としたダネモラ刑務所から、一日も早く抜け出したいが、保釈が許されるまで、まだ15年も刑期が残っている。そこでランスキーに、環境がもっといい刑務所に移送されるよう根回しを頼んだ。

その時にランスキーが使った手口が実に巧みである。当時、交戦中のアメリカの商船がナチの潜水艦に度々撃沈されて、その数は70隻に達し、しかも重要な必需品を載せた船舶だけが狙い撃ちにされた。それが極めて正確な攻撃なので、ナチがその船の出帆予定から積荷の中身まで、事前に掴んでいると考えられた。

アメリカ海軍の情報機関は、ニューヨーク埠頭にいるナチのシンパやスパイが、その情報を流しているとにらんだ。折しも、ニューヨークのハドソン川埠頭《ふとう》で、フランスの豪華客船ノルマンディー号が、輸送船に改造中に火事で沈没し、ナチのサボタージュのせいではないかとされた。

埠頭といえば、マフィアの縄張りである。彼らは、そこの労働者や漁業関係者を完全に掌握している。つまり、ルチアーノの強力な影響力を利用すれば、そこでのスパイ行為やサボタージュを防止できるのだ。ランスキーは、それをアメリカ海軍に進言し、事態の収《しゅう》拾《しゅう》をあせっていた軍幹部は、これを承諾する。

ランスキーからの連絡を受けたルチアーノは、埠頭にいる仲間に、ナチのスパイやシンパに目を光らすよう徹底させた。ほどなく、彼らの協力によって、潜水艦から上陸したドイツのスパイ8人が、地図や爆発物、サボタージュの計画書を持っているところを逮捕された。

この功績によってルチアーノは、もっと自由に振る舞えて、監視が緩やかなニューヨーク州東部のメドー刑務所に移送された。ここでは、酒から食べ物、さらには女性に至るまで、好きなものはなんでも与えられた。

この件以外でも、ルチアーノはアメリカ軍を助けることになる。その頃、連合軍は彼の母国、シシリー島への上陸を企てていた。これを実現するため、敵対する枢軸国側の軍隊の動向や情報が必要である。それを提供できる組織は現地のマフィアしかなく、彼らの支援が欠かせない。猫の手も借りたいアメリカ政府は、それを得るために、再びルチアーノの助けを仰いだ。

もちろんルチアーノは、シシリー島のマフィアとは極めて親密な関係を保っており、大きな影響力を持っている。シシリー・マフィアは、彼の求めに応じて、全面的に協力し、適宜情報を流して連合軍の侵攻を容易にした。

連合軍がシシリー島に上陸する際にも、シシリー・マフィアと示し合わせて、敵軍と識別するため、アメリカ軍は〝L〟をプリントしたハンカチを振りかざしながら侵攻した。この〝L〟は、ルチアーノ（LUCIANO）の頭文字である。

ところで、特別検察官のトマス・デューイは、マフィアの幹部を有罪にした手柄で、すでにニューヨーク州知事に出世していた。ルチアーノは、この戦時中の功績が認められて、よりによって彼を刑務所に送り込んだデューイにより、刑期を待たずに恩赦を受けて釈放されるのだ。

これは表向きの理由だが、それを信じる者は少なかった。事実、ランスキーがデューイに、裏から手を回して実現させている。ただ、ルチアーノが釈放される上で、1つの条件が付されていた。出身地のイタリアに即刻、追放されることだ。というのも、彼はアメリカに長らく住んでいたにもかかわらず、アメリカ市民権を取得せずに、国籍は依然として、生まれたイタリアのままだからだ。

ルチアーノは、1946年1月初頭、ようやく釈放されるが、その1か月後にイタリア向けの船に強制的に乗せられて追放された。彼がアメリカ国民の大きな注目を浴びた話題の人物だけに、その日は、大勢の新聞記者やカメラマンが埠頭に押しかけた。

しかしそこには、手鉤《てかぎ》を持った屈強《くっきょう》な港湾労働者約50人が肩を組んで壁を作り、彼らを乗船させないようにしている。それは、ルチアーノの港湾における絶大な支配力を、あたかも誇示しているかのようだった。

乗船できる見送りの人は厳しく制限され、彼らには港湾労働者にしか発行されない許可書が渡された。それを受け取った大半は、シンジケートのドンたちだが、その中にシーゲルや、滅多に人前に顔を出さないランスキーもいた。

船中では一流のシェフを雇い、多くのシャンパンが開けられ、盛大な送別会が開かれた。乗船時、ルチアーノは手持ち200ドルほどしかなかったが、みんなからの餞別で15万ドルに膨れ上がったという。

アメリカを去ったルチアーノは、生きて再びアメリカに戻ることはなかった。追放先のナポリで、そこから離れてはならないと、イタリア政府から厳命された。だが電話やメッセンジャーを使って、アメリカのマフィアと絶えず連絡を取り、依然として、その主な活動を取り仕切っていた。

ルチアーノは、国外にいながらも、隠然たる勢力を持ち続けていたが、それには、もちろん、アメリカにいる盟友のランスキーの、変わらぬ義理堅い支援と協力がある。

ルチアーノがキューバへ

国外追放されたその年の9月に、ランスキーからルチアーノに緊急のメッセージが届いた。シンジケートの重要問題を協議するため、ハバナのホテル・ナショナルに、12月までに来てほしいというのだ。

ルチアーノは、禁足令《きんそくれい》があったにもかかわらず、ナポリの司法関係者を買収して、10月にベネズエラのカラカスに船で向かい、そこから飛行機に乗り換えて、ハバナにたどり着いた。

その会合は、アメリカ全国からマフィアのドン全員を集めた、シンジケート結成以来、30年ぶりの大規模のものだ。アメリカの各地から、ドンたちがホテル・ナショナルに続々と到着すると、彼らの会合のために、ホテルは中2階全部を、一般客の立ち入り禁止にするほど気配りをした。

議題は、ルチアーノが追放されてから、誰がシンジケートの大ボスになるかということと、大金を投じても一向に完成しないシーゲルのフラミンゴ・ホテルである。前者については、ルチアーノがキューバにとどまって、そこから陣頭指揮を取ると言ったので、結論が出なかった。

後者については、後述するように、シンジケートが大金を投じたにもかかわらず、ホテルの完成が一向に捗らないことに業を煮やしたボスたちは、シーゲルに最後の判決を下すのだ。

キューバは、アメリカからわずか150キロしか離れていない近距離にあるので、ルチアーノはキューバに永住して、そこを拠点にシンジケートの指揮を取るつもりだ。その傍ら、ここにヘロイン密輸基地を作り、トルコで採れた原料をシシリーで精製加工し、キューバで小分けにしてから、アメリカの流通ルートに乗せる計画を立てていた。

ところが、彼がハバナに滞在して、麻薬密輸の計画を練《ね》っていることは、極秘のはずなのに、半年も立たないうちに、アメリカ政府の知るところとなる。一説によれば、ルチアーノの復帰を好まないニューヨーク・マフィアの一派が、政府に密告したといわれている。

ルチアーノのキューバ滞在の事実を知ったアメリカ政府は、ルチアーノをイタリアに直ちに戻さなければ、キューバが必要とする麻酔剤禁輸の処置を取ると、同国政権に強い圧力をかけた。その結果、キューバはやむなく屈して、彼をイタリアに送還する。その際、ルチアーノはシンジケート仲間から100万ドルに近い餞別をもらったというのが、もっぱらの噂だ。

ルチアーノは、1947年にキューバからイタリアに送還されてからも、依然としてアメリカのマフィアの指揮を執っている。中でも、彼が手がけた麻薬の密売に力を入れており、当時のイタリアは、麻薬密造の中継地のセンターなので、すでに開拓したアメリカの密売ルートに乗せさえすればよかった。

そこで、ヘロインの原料をトルコなどから密輸入し、自由港トリエステを経て、ミラノやトリノの工場で精製して、ジェノバ港からアメリカに密輸していた。

ルチアーノはこれを裏で取り仕切っているが、決して表面に出ることはなかった。その仕組みは極めて巧妙に計画されている。流通にあたって、中間に精製業者、卸業者、仲介人、隠れ蓑《みの》、委託者などとさまざまな人物を多く介在させて、自分に問題が直接波及しないようにしていた。中には、イタリアの一流大学の化学者までもが入っている。

彼が1946年に、イタリアに追放された翌年には、ニューヨークにおける麻薬密売の検挙数は前年の3倍に急増し、キューバから戻った1947年には、価格にして25万ドルに上る最大量のヘロインが、イタリアからアメリカに密輸されたと政府当局が公表している。

ルチアーノが、その首謀者であることを裏付けるのは、イタリアで目立った収入がないはずの彼が、王様のように暮らしていることだ。ナポリでは豪邸に住み、ローマにペントハウス（屋上住宅）を持ち、そのほかカプリ島など2か所に別荘も持っていた。

これだけの生活を支えるには、多額の金を要する。事実、シンジケートは、麻薬取引や他の利権から得た報酬を、ルチアーノの手元に毎週のようにドル現金で届けていた。受け渡し場所は、目立たないトイレや車の中などが選ばれた。

その持ち運びには、友人や親戚から、マフィア仲間や運び屋に至るまで、人目につかない様々な人物が使われた。ランスキーも、イタリアまで数回出向いて、手渡している。ルチアーノが密かに蓄えた米ドルは、アメリカの著名なジャーナリストが、「ルチアーノはイタリア政府よりも、多くの米ドルを保有している」と暴露したほど、膨大な金額だとされている。

ルチアーノは、キューバから戻されてから、イタリア政府に旅券を没収されていたので、国外に出ることはできなかったが、ウイーンやパリに度々出かけている。それが可能だったのは、密かに予備のパスポートを隠し持っていたからである。

1960年に入ると、さしものルチアーノも年には勝てず、何度か心臓麻痺に襲われ、身体は目に見えて衰え出し、シンジケートの実権を次第に失っていく。

1962年1月26日、ルチアーノの波乱万丈《はらんばんじょう》に富んだ映画を作成するため、ハリウッドの制作者がやってきたので、ルチアーノは出迎えのため、ナポリ空港までわざわざ赴いた。ところが、到着した制作者の手を取って、握手をした途端に口をゆがめ、その手で自分の胸を押さえた。激しい心臓発作に襲われて、その場で死去する。享年64歳である。

彼は生前からの願いによって、死んで初めてアメリカへの帰国を許された。ニューヨーク市内クイーンズの白亜の殿堂のような墓所に手厚く葬られた。葬式には2000人超の弔問客《ちょうもんきゃく》が参列した。

景気の急速な回復

大恐慌後、ルーズベルト大統領が高々と掲げた「ニューディール」は、従来のレッセフェール（自由放任主義）の経済政策から決別するものである。連邦政府は巨額の投資をして、ダムを建設したり、広範に高速道路を敷いたり、学校や病院を多く建設して積極的に手を打った。だが、どれも大不況を克服する特効薬とはならなかった。

ところが、その救世主となったのは戦争である。第二次世界大戦は、思わぬ経済効果を呼ぶのだ。アメリカ国民を広範囲に苦しめ、長らく続いた大不況は、戦争によって克服され、景気が急速に回復する。最大の原因は、巨額の政府資金が軍需産業に投入されて、景気に大きな刺激と弾《はず》みを与えたからである。

1939年にアメリカ空軍は、わずか300機の飛行機しか所有していなかったが、戦時中の1944年には、わずか1年で9万6000機超も生産した。これは敵対する日独の両方を合わせた3万機をはるかに上回る驚異的な数字である。5分間ごとに飛行機1機が生産され、船舶に至っては、毎日1隻が進水するというすさまじい有様だ。

当時の価値でも膨大な2000億ドルもの政府資金が、軍需用途に注ぎ込まれた。19

42年に政府は、平和産業の自動車生産会社を戦車製造に、また冷蔵庫メーカーを爆弾や弾薬の生産に転換させている。

しかし、その景気で潤ったのは、政府が集中的に発注したフォードとGM、それにボーイングやダグラスといった大企業である。中小企業は、その恩恵に大きく浴さず、倒産するか、それとも大企業に吸収されていった。これらの大企業は莫大な利潤を上げ、世界的超大企業に拡大させる基盤をつくった。

その軍需産業の中心地は、アメリカ北部と西海岸である。磁石に引きつけられる鉄のように、南部や東海岸から、そこに向かって史上空前の民族大移動が始まった。地域別に見ると、軍需景気で最も沸いたのは、ラスベガスに近いカリフォルニア州だ。航空機生産や造船などで、軍需産業の約2割近くまでも、ここで受注している。西海岸に多数の人が移住し、その数は約800万人に上ったという。一大都市にも匹敵する人口である。

戦争になれば、物資が不足し、消費が減退するのが普通だが、アメリカではむしろ、この軍需景気で消費が刺激された。前線の兵士に優先させるために、肉や砂糖、ガソリンなど一部が配給制になっていたものの、食料や衣料品が不足して、大衆が困ることはなく、この状況は戦後も持続している。終戦とともに、産業が空前の好景気に沸いた結果、一般労働者の懐も潤《うるお》い始め、消費が一段と進んだ。

そのような好景気が、シーゲルのビジネスを大きく支えたことは否めない。彼は、終戦になれば多数の兵士が復員し、慰安を求めてラスベガスのようなカジノを備えたリゾートが、きっと繁盛すると予言していた。実際にその通りになったのだから、彼に先見の明があったと言うほかはない。

ヴァージニア・ヒルとの運命的出会い

1942年春、ルーズベルト大統領の命令で、アメリカに住んでいる約12万人の日系人が、アリゾナ州やカリフォルニア州の砂漠にある僻地《へきち》に強制的に移住された。また、ミッドウェイ沖海戦で日本海軍が大打撃を受け、戦局はアメリカ側に傾き始めた。

その頃シーゲルに、彼の運命を大きく左右する出来事が起きている。ヴァージニア・ヒルとの出会いである。彼女は髪の色が派手な赤褐色の上に、目は魅力的なグレーで、小柄の美人だ。経歴には、いかがわしい過去があったものの、男を夢中にさせる不思議な魔力を秘めていた。

シーゲルが、過去に付き合った女性のように、ハリウッドの有名女優でもなければ、有産階級の子女でもなかった。ヒルは、南部アラバマ州の片田舎の出身で、父は貧しく10人の子をもうけ、大理石の研磨を職業にしていた。

ヒルは上昇志向がとても強く、シカゴに出て名を成そうとする。17歳の時、シカゴに移って間もなく、当時開催されたシカゴ世界博覧会の行事でダンサーとなり、その美貌と気の強さで、アル・カポネ抱えの計理士、ジョー・エプスタインとねんごろになった。

これがきっかけで、ヒルはマフィアの多くの幹部と知り合い、関係を持つようになる。誰もが彼女といったん関係を結ぶと、なかなか離れられないほどの性的魅力があった。彼女の男性遍歴は相当なもので、結婚だけでも16年間に4回もしている。

最初の愛人、エプスタインは、彼女を一度知ると、「あたかも癌に侵されたように、付いて離れない」と洩らしたほどだ。彼はヒルと別れてからでも長らく未練が残り、ヒルに何年間も仕送りを続けていたという。

彼女は、なかなか利口な上に口も堅かったので、マフィアのボスからの信用が厚かった。例えば、マフィアの大量の現金をシカゴからニューヨークに運ぶ役割を、何回となく担《にな》わされ、時には何百万ドルという大金を汽車で運んだことがある。その報酬で、彼女は母親のための一軒家を、目の前で100ドル札束を積んで、気前よく買ったという。

しかし、ヒルの望みは大きく、女優を夢見ていた。彼女は暗黒街のコネを利用して、映画界にデビューするため、30歳近くになってからハリウッドに移った。端役にありついたものの、夢を実現できなかった。その頃に、シーゲルとの運命的な出会いをする。シーゲルがまだ40歳の時である。

その美貌と、彼に劣らぬ激しい気性の彼女に、シーゲルはすっかり虜《とりこ》になってしまう。ヒルも会った瞬間から、彼の男らしさと気風《きっぷ》の良さに強く惹かれる。また彼女は脚がとても長く、これがシーゲルの好みで、弱みでもあった。

すぐさま2人は激しい恋に陥り、離れられぬ仲となる。この関係は、その後、結婚にまで発展し、波乱に富みながら、シーゲルが死ぬまで続くのである。

彼女の性的魅力に加えて、男勝《おとこまさ》りの性格が、浮気者のシーゲルの心を捉えたようだ。激情に走りやすい彼に敢然と立ち向かい、それが我慢できる数少ない女性の一人だが、一方で、嫉妬心は人一倍強かった。

それを伝える話として、ラスベガスのフラミンゴ・ホテルをオープンして間もない頃、シーゲルが娼婦3人を同時に泊めさせたことがある。激昂《げっこう》した彼女は、その一人をあごが外れるくらいに殴打したという。それほど激しい気性の持ち主であった。

ヒルは、その美しさと派手なことから、あだ名は〝フラミンゴ〟である。シーゲルがラスベガスでオープンしたフラミンゴ・ホテルの名称は、これに因んでいる。その鳥の色にふさわしく、ホテルの外壁や内装を明るいピンク一色に統一させた。

また、シーゲルは、フロリダ州マイアミ市近くのハイアリア・パーク競馬場に、一時、出資したことがある。そこに飛来するフラミンゴは、地元のアメリカン・インディアンが幸運のシンボルとして崇《あが》め、縁起《えんぎ》の良い鳥とされている。このこともあって、ホテルをフラミンゴ・ホテルと名付けた。

いずれにしろ、彼女のあだ名をつけたことが端的に示すように、フラミンゴ・ホテルの企画から装飾、さらに運営や経理に至るまで、ヒルは深く関与することとなる。このホテルが、２人の合作だと言っても過言でなかった。

しかしヒルを、このプロジェクトに巻き込んだことが、大失敗だった。これが事もあろうに、後々にシーゲルの命取りの遠因となる。

第4章◉フラミンゴ・ホテルの完成と悲劇

待望のホテル建設に着手

シーゲルが、フラミンゴ・ホテルの建設に着手したのは、1945年末である。その年に日本が無条件降伏をしたので、アメリカは多数の兵士が復員し、空前の結婚ブームが起こる。約200万組超の男女が結ばれ、翌年、約400万人もの子供が誕生するベビーブームを巻き起こした。

しかし、このような明るい世相にありながら、シーゲルを悩ませたことがある。それは戦争で、大量の物資が軍需用に向けられて消耗された結果、建設資材が極度に不足し、価格が高騰したことだ。それに加えて、シーゲルは暴力行為に関しては一流でも、土木建築や会計のこととなると、二流どころか、ずぶの素人《しろうと》である。

建築業者は、彼の無知に付け込んで、高値で資材を売っただけでなく、中には、同じ商品を二重三重にも請求する悪辣《あくらつ》な業者もいた。例えば、運び込んだセメントを日没と同時に盗み、翌日にその盗品を持ち込んで代金を受け取っていた。シーゲルは、詐取されていることを見抜けなかった。

そのため、最初に見込んだ資金100万ドルは、瞬《またた》く間に底をつく。当時、100万ドルもあれば、土地代も含めたホテル1つが、優に建つとされていた。しかし、建設資金は、すぐさま200万ドルから、ついには600万ドル（現在価値換算1億2000万ドル）に膨れ上がる。シンジケートの資金を一手に握るランスキーから、追加資金を仰がなければ工事が続行できないほど、切羽詰《せっぱ》まった事態に追い込まれた。

ランスキーは、ラスベガスの将来性を信じていた上に、シンジケートに資金的余裕もあることから、ルチアーノやドンたちの了解を得て、シーゲルから要請のあった資金500万ドルを追加した。

フラミンゴ・ホテルの完成予定日は、翌1946年の12月である。それに向けて突貫工事が進められた。それでも、なかなか工事が捗《はかど》らないばかりか、建設費がうなぎのぼりに上がったことを、シンジケートのドンたちは深く憂慮し始めた。

ランスキーは、ロサンゼルスまでわざわざ出向いて、ただならぬ事態になっていることをシーゲルに告げ、予定通りに完成しなければ、命にかかわるような問題になると、親身《しんみ》になって助言した。

ランスキーから、情勢が不利なことを知らされたシーゲルは、ようやく重い腰を上げ、1946年夏にハリウッドからラスベガスに移住し、自ら陣頭指揮《ぢんとうしき》を執って工事の進捗を図った。

だが、しょせん彼は素人であり、理想に走り過ぎて、コストを無視する。使用資材は木材や大理石、部屋の備品に至るまで超一流でないと気に入らない。アメリカ全土から取り寄せたが、戦後で物資が極めて不足していた時期だけに、思うように集まらず、建設の完成を大きく遅らせた。

例えば、彼はバスルームに特に力を入れて豪華な造りにした。浴槽は手間がかかる埋め込みにした上に、当時アメリカでは珍しかったビデ（局部洗浄器）を、わざわざフランスから取り寄せて備え付けさせた。

これで分かるように、予算が一挙に膨れ上がっただけでなく、気ままな彼は、度重なる設計変更を指示して、請負業者を混乱させた。部屋の壁を作らせた後で、気に食わないと撤去させたりもした。

オープン予定日はクリスマスである。それに向けて、労働者に余分の手当てを支払って長時間の残業をさせ、発破《はっぱ》をかけて突貫工事を進めた。にもかかわらず、オープン間近の12月半ばになって完成したのは、カジノとロビー、それにレストランだけだ。肝心の客室で完備されたのは10室にも満たなかった。

ホテルのオープンと挫折

フラミンゴ・ホテルは、未完成の部分を多く残しながらも、12月26日にオープンが強行され、盛大な祝賀パーティが開催された。人気絶頂のラテン音楽バンド、「ザビア・クガート楽団」が呼ばれ、シーゲルのハリウッドにおける広い顔と力で、クラーク・ゲーブルやラナ・ターナー、シーザー・ロメオという、そうそうたる俳優が数十人も招待される。だが、この選り抜きの客を乗せたチャーター便2機は、ロサンゼルスの折からの濃霧でラスベガスに飛ぶことができず、キャンセルされた。

英語の諺に、「降るときは必ず土砂降《どしゃぶ》りだ」というのがあり、「弱り目に、たたり目」を意味する。その当日は、まさしくそれを、地で行くようなものだった。年間降雨量が10センチも満たない、砂漠の地ラスベガスで、その日に限って一日中、土砂降りである。それが訪問客の気分を暗くさせただけでなく、このホテルの前途多難な行く末を暗示しているかのようだった。

ホテルのロビーや賭場はどうにか完成したが、客室の大半は未完成なので、遠方から車でやってきた客は、近くの粗末なモーテルに泊まらざるを得なかった。ようやくオープンに漕ぎつけたものの、その初日は無残な結果に終わった。

しかもオープンのすぐ後に、大入りするはずの新年休暇なのに、オープン後2週間の入場者は1日平均10人にも満たなかった。フラミンゴ・ホテルは、完全な失敗に終わる。シーゲルは、やむなく翌1947年早々に、不本意ながらホテルを一時閉鎖せざるを得ず、再オープンの期日を同年3月と決めて、捲土重来《けんどちょうらい》を期した。

ところが、その間に、よからぬ噂がランスキーの耳に入った。シーゲルの恋人、ヴァージニア・ヒルが、スイスに度々足を運んでいるというのだ。旅行の口実は、フラミンゴ・ホテルに使うカーペットや家具を調達するためである。

しかし、あまりにも旅が度重なるものだから、ランスキーは、ホテルの投資用資金をヒルが掠《かす》めて、スイス銀行の秘密口座に預金していると疑った。これが事実だとすれば、由々しき問題である。というのは、シンジケートの掟として、その金を盗むのは、酷刑、つまり死に値する行為だからだ。

ランスキーは、スイス銀行の秘密口座を頻繁に利用する関係から、抱えの連絡員をスイスに常駐させている。その連絡員に事実を調査させたところ、危惧した通り、ヒルが銀行に50万ドルを預けたという。

この問題を解決する手段として、ヒルを葬るという手段もあったが、か弱い女性を殺害するのは、シンジケートのプライドからとてもできない。しかも、この男性中心の組織にあって、女性が男を思いのままに操って、自由に金を引き出しているとすれば、その男の真価が問われる由々しき問題である。

そこでランスキーは１９４６年末、住んでいるハバナから、わざわざラスベガスまで出向いて、シーゲルにヒルと別れて正気《しょうき》に返るよう説得したが、手遅れだった。というのは、シーゲルはその夏、メキシコでヒルとの結婚をすでにすませていたからだ。浮気者から一転して身を固めた彼に、ヒルとの縁を切れと忠告しても、しょせん無駄である。これがランスキーの気持ちを大きく変えたようだ。

ラスベガスからハバナに戻ったランスキーは、がっくり肩を落としながら、同僚に「彼はヒルに目がくらんで、理性を失っている」と嘆いたという。

シーゲルに死の宣告

１９４６年末、犯罪シンジケートは、シーゲルに追加として５００万ドル（現在価値換算１億ドル）もの大金を投資したにもかかわらず、１年近く立っても、フラミンゴ・ホテルが未だに完成しないことに業《ごう》を煮やしていた。先に触れたように、この件でルチアーノをイタリアからわざわざハバナに呼び寄せて、幹部会議が開催された。

集まったドンたちが、シーゲルのフラミンゴ・ホテルが失敗に終わったことを知らされて失望している上に、大きな衝撃を受けたのは、ヒルが渡欧して、スイス銀行の秘密口座に大金を隠した上に、豪華なドレスや宝飾品の買い物をしていることだ。

この金は、紛れもなくシンジケートの金である。こと金に関しては、メンバーたちは人一倍、貪欲で細かい連中だ。フラミンゴ・ホテルに注ぎ込んだ自分たちの大切な金を、シーゲルがヒルとつるんで、猫糞《ねこばば》をしているとしか思えなかった。

このような事実から、メンバーたちは、シーゲルがフラミンゴ・ホテルの事業から手を引いて、その株式を密かに売却し、足を洗うのではないかと疑った。しかもその際に、投資した金の大半を盗んで、ヨーロッパへ逃亡するとまで勘ぐった。

激昂《げきこう》したメンバーの中には、シーゲルを直ちに処刑すべきだと主張する者がいた。だが、ランスキーにとってシーゲルは弟のような存在であり、彼の最初の結婚式にはベストマン（花婿の介添《かいぞ》え人）を務めたほどの親しい間柄だ。

ランスキーは、賭博ビジネスは儲かる商売であり、必ず黒字に転換するから、もう少し時間を与えるべきだと強く主張する。また、フラミンゴ・ホテルを閉鎖している間に、ホテルを管財人の管理下に置いて、再建の可能性を検討したらどうかとも提案した。

出席しているシンジケートの面々を説得した結果、彼らの不満をなんとか抑えることができた。シーゲルは、ランスキーのお陰で、またもや命拾いをしたわけだ。しかし、これがシーゲルにとって、最後のチャンスとなる。

ランスキーは、シーゲルに最後の説得を試みている。ヒルがパリに立ったすきを見て、シーゲルが殺害される数日前にラスベガスを訪れ、シーゲルに事実をあからさまに伝えたが、彼は聞く耳を持たなかった。

シーゲルは、自分が非常な苦心をして、折角、開拓した事業を、仲間のマフィアが横取りするのではないかと疑い、シンジケートから、とやかく干渉されたくなかった。

ランスキーは、この後で、急遽、開かれたシンジケートの会議で、説得が失敗に終わったことを報告した。居並ぶドンたちは、自分たちの金を盗んでいる上に、シンジケートの命令に従わないシーゲルに、これ以上、我慢できなくなる。ついに彼らの堪忍袋の緒が切れたのである。

そこで、シンジケートの掟に重大な違反を犯したシーゲルに対して、死刑の評決が満場一致で下されてしまう。しかもこれを実行する殺し屋までもが決められたのである。

シーゲルの暗殺

シーゲルは、1947年3月の再オープンを目指して、2か月間、懸命に働いた。オープン当日になっても、部屋の中の装飾を自ら手伝うという、あわただしさだ。ようやく再オープンの期日に漕ぎ付けたものの、プールの水が漏れて空っぽになり、ホテル設備の方々で多くの欠陥が露呈《ろてい》した。

しかし、不完全とはいえ、ホテルは当時の規模としては空前の規模と豪華さを誇った。ヨーロッパ風に装飾された客室は105あり、それにヘルス・クラブやテニス・コートを備え、乗馬クラブまである。それに9ホールのゴルフ場も造られている。

4月に入ると、わずかながらも利益を出せる段階に漕ぎつけたが、巨額の投資をしたシンジケートのメンバーを満足させる額ではなかった。

6月に入って、ようやくホテルが軌道に乗り始めたので、危機はひとまず去ったと、シーゲルは安堵の胸をなでおろした。しかし、それは自分の身に危険が迫っていることを知らない、独りよがりに過ぎなかった。

ヒルは、ホテル事業が軌道に乗らないため、シーゲルに殺害の手が及んでいることを、女性特有の勘からうすうす感じていた。そこでホテルをいち早く売り払って、一緒にヨーロッパに逃げようと、シーゲルを懸命に口説いたが、馬の耳に念仏である。シーゲルは、必ず近いうちに大きな黒字に転ずると、妄信《もうしん》にも近い確信を抱いていた。

ランスキーに会った数日後の7月19日夜、ヒルに買い与えたビバリー・ヒルズの豪邸の居間で、シーゲルは新聞を広げてくつろいでいた。海岸のサンタモニカで海鮮料理を楽しんだ後、帰宅したところである。

彼がくつろいでいたのは、ヒルが日ごろから愛用している花柄模様のソファーだ。向かいの椅子には、一緒に夕食を取った、手下のアラン・スマイリーが座っており、2階では、ヒルの弟、チックが恋人と戯《たわむ》れていた。

ヒルは、ヨーロッパに出かけたまま留守である。というのは、彼女がホテルのウエートレスがシーゲルと関係していると嫉妬し、その女性の顔をビンで殴って大怪我させた、騒動のほとぼりを冷ますためだ。

その夜、10時半過ぎを回った頃、庭のパーゴラ（つる棚）の鉄格子に、何者かがカービン銃を据え置いた。それから発射された銃弾6発が、居間の窓ガラスを突き破り、そのうちの5発がシーゲルの顔面や胸部に命中する。

そのうちの一発は、彼の眼球を5メートルも吹き飛ばすほどのすさまじさで、他の一発は彼の左目を貫いて脊髄を粉砕した。即死である。シーゲルは、まだ41歳の若さだった。

この事件は、アメリカ全土の新聞第一面を、賑やかに飾るほどのセンセーションとなり、訃報《ふほう》をヨーロッパで聞いたヒルは、その場で卒倒したという。

また、警察が犯行現場に駆けつけた同じ頃、ランスキー抱えの子分2人が、フラミンゴ・ホテルに出向き、今後シンジケートがここを経営すると、従業員にすばやく通告した。そこで彼らは、帳簿から現金まで、根こそぎ持ち帰った。

数日後に行われたシーゲルの葬式は、彼の生前の派手な生活とは対照的に、わびしいものだった。参列したのは、別れた妻と2人の娘、弟と実姉の近親者わずか5人である。ランスキーとヒルの姿は、そこに見られなかった。どちらも時間的に式に間に合わないというのが欠席の理由だ。同じギャング仲間も、人目につくのを恐れて、誰一人として参列する者はいなかった。

ロサンゼルス警察は、その殺人犯を懸命に捜査したが、結局、事件は迷宮入りとなり、判明しなかった。犯行に際しては証拠を一切残さない、シンジケートの抜け目ない、典型的な完全犯罪である。

これを実行させた犯人として、ランスキーが最も疑われたが、確証は得られなかった。後になって、彼は、ジャーナリストから、シーゲル殺害を指図した犯人は誰かと聞かれて、

「おれが彼の生死の決定権を握っていたなら、シーゲルは、メトセラ（969年も生きた伝説のユダヤ人族長）のように長生きしていたよ」

と答えたが、その目は空《うつ》ろだったので、彼が真犯人だという確信を抱いたという。

ランスキーは、ほどなく帰国したヒルに会って、彼女がスイス銀行の秘密口座に隠した金をそっくり返すようにと話した。最愛のシーゲルの悲惨な最期を知っているだけに、さすが気丈夫《きじょうぶ》な彼女も、自分の命が絶たれるのを恐れて、その金をランスキーに全額返還する。

ところで、1931年にネバダ州が賭博行為を合法化したことから、誰にも増してランスキーは、そこに金儲けの無限の可能性があることを確信していた。しかし、その明るい将来性を知るランスキーですら、この不毛の砂漠に、アメリカ全土から注目されて、多くの客を引き寄せられるだけのカジノ・ホテルを、自ら建設する勇気はなかった。

シーゲルが秀でていたのは、ラスベガスの無限の将来性を信じ、多くの困難に直面しながらも、あえてホテルの建設を行動に移した、その度胸とスケールの大きさである。

シーゲルは、後のラスベガスの驚異的な成長と発展ぶりを見ることができずに、志半《こころざしなか》ばにして、悲惨な最期を遂げた。だが、彼が悪辣《あくらつ》な犯罪を多く重ねたことは別にして、その豊かな構想力と、大胆な実行力に関しては、シーゲルはまさに天才だったといえよう。

ラスベガスの、今日における目を見張るような繁栄の礎を築いたのは、まぎれもなくシーゲルなのである。

ラスベガスの目覚ましい発展

皮肉なことに、シーゲルがこの世を去ったのを待ち受けていたかのように、フラミンゴ・ホテルはやがて大幅な黒字に転じ、コンスタントに大きな利益を上げるようになる。それにあやかろうと、1950年に入ると、フラミンゴの豪華さを真似たカジノ・ホテルが、スケールの大きさを競い合うようにして、続々と建てられ始めた。

その結果、ラスベガスは目覚ましい発展を遂げ、人口も戦後直後の3倍の4万8000人に増えた。それに一番近い大都会、ロサンゼルスからの直行便の就航に伴い、空港が拡張された。さらに同地での最大の障害だった酷暑が、キヤリア社がエアコンの大量生産を開始したことで解決され、多くのホテルは快適となった。その中のデザート・インは、サーモスタット（温度自動調節装置）を初めて各部屋に設置したことで、大きな話題を呼んだ。

また、地元の住民を固定客として引きつけるため、ビンゴやくじ引き大会などの大衆的な催しが開かれ、その努力の甲斐もあって、カジノは中産階級以上の人たちの溜まり場としてだけでなく、一般の人々も多く集まるようになった。このようにして、ラスベガスには老若男女、貧富の差を問わずに、あらゆる階層の人たちが、一獲千金《いっかくせんきん》を夢見て訪れるようになる。

1952年になると、北アフリカを真似したサハラ、1954年はミシシッピー川の演芸船を象ったショーボート、1955年には23階建て高層ビルのリビエラ、1956年にデューンズ、1957年には世界最大の超豪華なホテル・スターダストなどと、陸続《りくぞく》として建設された。

1954年には、年間約800万人がラスベガスを訪れ、彼らが落とす金は2億ドルに達するほど発展する。一般男性は、ルーレットやクラップスのテーブルに集まり、ギャンブル・マニアは、ポーカーやバカラのゲームに興じている間、女性のためにスロット・マシンが用意されていた。

もちろん、カジノではギャンブルが中心で、主要な収入源である。だが、それだけでは客は疲れたり、飽きたりするので、気分転換がどうしても必要である。そこで考え出されたのがエンターテインメントだ。どのホテルも張り合うように、一流の芸能人を招いて豪華絢爛《けんらん》なショーを無料で開催したので、これがまたラスベガスの名物となった。

今では懐かしい名前だが、ビング・クロスビー、ペリー・コモ、ナット・キング・コール、フランク・シナトラといった有名歌手や、コメディアンのディーン・マーチンやジェリー・ルイスなどと、一流所を招き、ホテルの呼び物として多くの客を集めた。

またホテルでは、賭博客のため、何時でも食事が取れるように、深夜から早朝までの立食形式のブッフェ・ディナーを用意した。それが豪勢なメニューだったことから、どのホテルでも名物になっていた。もちろん別料金を取ることなく、ホテル代込みである。

プールの横で休みながら、無料のドリンクを楽しむこともできたが、客の目的は、あくまでもギャンブルである。たとえ負けても、自分の勝ちを信じて、カジノに戻っていた。ホテルに豪華に内装された部屋がありながら、客が睡眠を取るのは、24時間中、平均4時間にも満たなかったという。

1990年代後半になると、ラスベガスのメイン・ストリート、ストリップ大通りの左右に、マンハッタンの摩天楼を複製したニューヨーク・ニューヨーク、イタリア貴族のリゾートを思わせるベラジオ、ベニスを再現したザ・ベネチアンなどと、豪勢な高層ホテルが所狭しとばかりに建てられた。

もしシーゲルが生きて、現在のラスベガスの壮観を見たならば、きっと我が目を疑うに違いない。1991年には、彼の申し子、フラミンゴ・ホテルは実に年間1億ドルもの収入を上げていた。それほどラスベガスは、たくましく成長し発展するのだ。

なお、ヴァージニア・ヒルは、シーゲルの亡き後、アメリカのIRS(内国歳入庁)の執拗《しつよう》な追求を逃れるため、ヨーロッパに留まっていた。そのうち、自分の年の半分にも満たないオーストリーのスキー指導員と再婚し、子供1人をもうけたが、間もなく離婚した。

そして1966年3月、モーツァルトの生地として名高い、ザルツブルクの町外れで、雪が降りしきる中、大量の睡眠薬を飲んで服毒自殺をする。彼女が49歳の時である。

ラスベガスと原爆

建築ラッシュが始まった頃、私たち日本人にとって悪夢をよみがえらせることが、ラスベガスで起こる。1951年1月に、ラスベガスの北西、約100キロの砂漠の中で、1キロトンの原爆実験が初めて行われたのだ。

これが、なぜラスベガスと密接な関係があるかといえば、爆発した際の閃光《せんこう》とキノコ雲が、肉眼で町中から眺められたばかりか、ホテルがこの見物を売り物して、多くの人を集めていたからだ。

当時、トルーマン大統領のアメリカは、ソ連と冷戦状態にあった。1946年、ソ連のスターリンは、ブルガリアやルーマニアを衛星国として取り込んだ結果、イギリスのチャーチル首相が、ミズーリ州のフルトン市で行った演説の中で、名言「ヨーロッパ大陸で鉄のカーテンが下ろされた」を吐いている。

その後ソ連は、ハンガリーとポーランド、さらにチェコスロバキアも掌中に加えるようになっただけでなく、ギリシャやトルコも支配下に収めようとした。ここで居たたまれなくなったトルーマン大統領が、1947年に著名な、共産主義封じ込め政策の「トルーマン・ドクトリン」を議会で発表する。

この冷戦状態による東西間の緊張は、その後、延々と40年間も続く。その間、1950年に朝鮮戦争が勃発し、軍事力強化の一環として、原爆開発に一層の拍車が加わった。

すでに原爆を開発し、その爆発に成功したソ連に対抗することもあって、このネバダの試験場で、初回の爆発から10年間に、地上だけで多いときは月4回、計100回以上の爆発実験が繰り返された。中には、広島に投下されたよりも大型のものが、23個あったほど大掛かりのものである。

当初、ラスベガスでは、原爆の恐ろしさから客足が遠のくのではないかと危惧されていた。あるいは爆発による地響きで、さいころやルーレットの玉が飛び出して、ゲームの進行を乱すのではないかと恐れられていた。

しかしそれは余計な心配だった。その強烈な閃光と、きのこ雲が見られるということで、ラスベガスは名所となり、それを見に多くの人が押し寄せるのだ。しかも現地のホテル側も、これに便乗して様々な企画を行い、キノコ雲に似せた〝アトミック・カクテル〟を作ったり、それを象《かたど》る衣装を着た踊り子のショーも開かれた。

爆発の瞬間を見るため、わざわざロサンゼルスからの特別のツーアが準備され、近くで見物できるピックニックまでも用意された。しかもホテルは、その光景を眺められる特別室も用意し、爆発当日のカジノ・ホテルは何時も満室である。

日増しに増えた見物客は、よく見られるグランド・ゼロ（爆心地）近くへ、我先にと押し寄せ、それを政府や関係者はなんら止めようとしなかった。

当時、原爆の放射性降下物質〝死の灰〟の恐ろしさを、一般住民はまったく知らない。政府も、その被害の深刻さを甘く見ていたので、市民に知らせることはなかった。

むしろ政府は、一流科学者を駆り出して、爆発による被害はないことを説明させ、不安がる住民を安心させていた。しかし住民は、家の芝生や車の窓ガラスが、死の灰で覆われるに及んで不気味に感じ、放射能の測定に使われるガイガーカウンター計数管が、スーパーマーケットで飛ぶように売れた。

後にネバダ州や隣接のユタ州とアリゾナ州で、死の灰によって多くの住民が命を縮め、後遺症に苦しんだが、彼らが、政府からその実害を知らされたのは、実験が行われてから、実に20数年後のことである。

しかも、政府がようやくその責任を認め、原爆被害者を補償する特別法が議会を通過したのが、実験開始39年後の１９９０年だ。さらに被爆範囲が予想以上に大きいことが判明するにつれ、条件を拡大緩和する修正法が通過したのが、その10年後だった。

スキムとは

ギャンブルは、利益率が３〜５割のぼろい商売である。しかも、賭け事の勝敗は一瞬にして決まるときているので、こんなに手っ取り早く儲かるビジネスは、他に見つからないのだ。

ところで、ホテルが公認会計士を使って公表する損益や預金額は、氷山の一角にしか過ぎない。例えば、公表している利益が１００万ドルとすれば、実際の利益は、その３倍は優にあるという。そのためホテルは、二重、場合によっては三重の帳簿を密かに作成して、実際の利益を隠していた。

目的は、もちろん税金逃れである。ラスベガスの場合、ギャンブルで得た粗利益《あら》に対して、６・７５％（全国で最安値）の州税が課される上に、消費税の６・８５％（ニューヨークの約８割安）がかけられる。

このようにギャンブルに対する税率は非常に低いものの、ホテルはそれでも税金逃れに腐心《ふしん》する。公表の売上高や粗利益を減らせば減らすほど、それだけ税金を払わずにすむことになるからだ。

その一方ホテルは、カジノを陰で牛耳《ぎゆうじ》っているランスキーに、儲けの一部を裏金で必ず渡さなければならない。ランスキー自身も、出資している各地のドンや関係出資者に、約束した利益を再配分し、さらに政治家や警察幹部にも賄賂を贈らなければならない。

ランスキーは、数字に関して天才的ともいえる記憶力を持っており、それを元に彼らに約束した金額を期日通りにきっちり渡していた。彼が、数字にどれほど強いかについて、こんな話が伝えられている。ランスキーが友人に８桁の数字を好きなだけ何行も書かせて、それを指で追いながら足して、覚えた合計を相手にチェックさせると、寸分《すんぶん》の狂いもなく合っていたという。彼は計算に関して非凡な才能を持っていた。

それによって、仲間の持分《もちぶん》から配当率、仲介者の手数料や現金の運搬費、諸々の経費に至るまで、頭の中で精密に計算をして関係者に公平に配分している。その結果、シンジケート仲間から文句が出ることはなく、絶大な信頼を得ていた。

アメリカのギャンブル用語に、スキム（skim）というのがある。原意は、「液体の表面に出る浮遊物《ふゆうぶつ》を、スプーンやひしゃくなどで掬《すく》い取る」ことで、例えば牛乳の表面に浮く乳脂を掬《すく》い取ることだ。

それから転じて、課税を免れるために隠す金、つまり「裏金」を意味する。スキムは、課税対象額を低くするため、実際の売上げや収益を計上しないように工作し、カジノの出資者に対する配当として支払われる。その出資者は、表面に名前を出せないマフィアだから、なおさら裏金として用意する必要がある。

スキムという言葉が、ギャンブル業界でできているくらい、賭博ビジネスを成功させるには、裏金を作ることが不可欠なのだ。言い換えれば、ギャンブルが裏金を作り出すことが、容易な商売だといえる。

そのスキムを捻出するため、多種多様の方策が駆使され巧妙さを極めている。カジノが受け取る現金の一部を掠めて、関係者に小分けするのは手間がかかる上に、税吏《ぜいり》の査察が何時入るとも限らない。特にカジノは法人の形態を取っているので、現金の出し入れを、帳簿上ごまかすには限度がある。

そこで売り上げを表に出さない方法の1つとして、カジノ現場の監督者や責任者に多額の給料やボーナスを与えて、受け取った金の一部をカジノに現金で戻す、つまり、キックバックをさせている。

あるいは、高額の賭金を使う上客、いわゆるハイ・ローラーに対して、それを斡旋する系列旅行代理店や仲間の業者と事前工作を行った。客の滞在費や予定賭金を、その業者に立て替えさせ、上客が実際に使った金は、その業者と帳簿外で清算していた。そればかりか、この立て替え金に対して、ランスキーが一定のコミッションを取っていた、と伝えられている。

またカジノは、上客が大きく負け込んで払えなくなると、その客から借用書を喜んで書かせた。なぜなら、後からその客のところへ取り立てに行って集金し、それを帳簿に記載せずに隠せるからだ。その際、仮に相手が支払いを滞ったりすれば、それを確実に履行させる伝家の宝刀、暴力の手段に訴えた。

さらに、保険業者を巻き込んで裏金を作ることがある。ホテルは、その設備や従業員に対し、損害や生命保険をかけなければならない。そこで取引先の保険会社と共謀して、契約をする見返りに、正常な手数料に一定金額を上乗せて請求させ、保険会社が支払いを受けると、ホテル側の指定先に割り戻した。

このような多くの巧妙な方法で裏金が捻出され、シンジケートに渡す仕組みが作られたのだ。

1950年代には、ラスベガスの主要なホテルの全てと言ってもいいほど、マフィアの大ボスが直接・間接に出資し、ランスキーは何らかの形で関与している。ただ、彼らは実名を出すことは決してせずに、他人名義やダミー会社を使って出資し、裏でコントロールしていた。用心深いランスキーは、政府関係者から怪しまれないよう、ラスベガスに自ら足を運ぶことは決してなかった。

シンジケートは発足後、マフィアのメンバーに都市や地域ごとに、その独占権を割り当てられていた。だがラスベガスだけは、シンジケートの申し合わせで、それにとらわれずに、どこのドンでも自由に投資できる、制限のない〝オープン・シティ〟にしていた。

オープン・シティにしたことは、極めて賢明な方策である。なぜなら、利己的なボスから、多額の資金を集められただけでなく、彼らのラスベガスへの僻《ひが》みを抑える効果もあったからだ。事実、これがラスベガスの飛躍的発展をもたらす大きな原動力となる。

あるレポーターが、1950年代のラスベガスにおけるカジノの実質的所有者を調べた。その半分がユダヤ系マフィアに所有され、4分の1がイタリア系、残りをアイルランド系とポーランド系が持っていた。だが、単独でなくお互いに分け合いながら出資していたという。

もちろん、ラスベガス全体の利権を掌握し、絶大な権力を振るっていたのはランスキーである。ここは彼の確固たる縄張りであるだけに、ランスキーのお許しがなければ、マフィアのドンといえども進出できなかった。

マネー・ロンダリングの元祖、ランスキー

さらにラスベガスのカジノは、シンジケートにとって、裏金作り以外にもう1つの隠れた、極めて重要な機能を発揮していた。それはマネー・ロンダリングである。

マネー・ロンダリングとは、不正に得た汚れた金を、架空名義の口座に預金をしたり、正常な商取引の売り上げに混入させるなどして、正常できれいな金にすることを意味する。

ラスベガスのカジノは、その汚れた金、つまり、ブラック・マネーを洗浄する、あたかも手形交換所のような全国的センターとなっていた。このブラック・マネーとは、マフィアや犯罪者が、麻薬密売や売春などで得た膨大な不正利益である。

カジノの重要な機能の1つは、小額紙幣を高額紙幣に変えることだ。一般市民から麻薬密売や売春などで巻き上げた金なので、5ドルや10ドル、20ドルなどと小額紙幣がほとんどである。それが10万、20万ドルと大きくまとまると、嵩張《かさば》って重くなり、市中銀行で高額紙幣に交換、あるいは預金しようとしても、警察が目を光らせているので危険である。シンジケートにとって、高額の100ドル紙幣に変えることが、なぜ必要かといえば、高額紙幣の方が持ち運びやすいので、特に海外へ、なかでもスイス銀行に手で持ち込めるからだ。

その汚れた金は、通常毎月半ばに、アメリカ全国各地のマフィアから、現金でラスベガスに持ち込まれた。持ち込まれる大量の小額紙幣を、ひとまずカジノのチップ（現金代わりの数取り札）に換えて、一部を賭けた後に、残りの大半を100ドル札の高額紙幣に換金して運び出した。カジノにとっても、この仲介によって多くの手数料が得られて、利益を上げるメリットがある。

現金は、証拠を残さない、最も確実な取引方法だ。ユダヤ人の格言に、「きみを心底から信用するよ。だが、現金で払ってくれ！」というほど、信頼度が高い。

100ドル紙幣に換金されたマフィアの金の大半は、マイアミにいるランスキーのもとに運ばれ、集中的に管理された。その金は、さらにランスキー抱えの運び屋によって、スイスの銀行に持ち込まれ、秘密預金口座に蓄えられた。アメリカの銀行を通じて、スイスの銀行へ送金されることは決してない。

たとえ法律が及ばない国外の銀行であっても、表沙汰にならないよう、確実に現金で搬送された。運び屋として、ランスキーが信頼する、専門の人間が担当し、税関で怪しまれない身なりのいいインテリ風の人物が選ばれた。

しかも銀行口座の名義は個人名でなく、タックス・ヘブン(租税回避地)として有名なリヒテンシュタイン公国に登記された法人名である。その法人も、アメリカの司法の手が及ばない、パナマやカリブ海のバハマに本社を置いている。二重にも三重にも、身元がばれないように配慮されていて、いかにもランスキーらしく巧妙に仕組まれていた。

マネー・ロンダリングは、単に税金逃れのためだけでなく、今一つの重要な意義を持っている。すなわち、汚れた金が海外の金融機関で洗浄されて、アメリカ向けに還流されると、一転してクリーンな金になり、合法的に自由に使えることだ。

ランスキーは、いったんスイスに集められた金の大半を、直接、あるいはバハマの銀行を経由して、アメリカの銀行へ還流させた。ただ緊急の事態に備えて、1日で現金がアメリカに運べるカリブ海のバハマに、自分の銀行をわざわざ設立して一部を預金して備えていた。一度クリーンになった金は、ランスキーが前もってドンたちに約束した先に届けられた。

現在、テレビや新聞紙上で、マネー・ロンダリングという言葉をよく見かける。1989年に、それを規制する国際条約が成立して、わが国も署名している。当初は、麻薬取引に限られていたが、最近になってようやく組織暴力団の不正資金にも適用されるようになった。

しかしランスキーは、すでにこの条約が成立する40年も前に、マネー・ロンダリングの複雑な仕組みと方策を考案し、極めて巧みに利用していた。ランスキーこそが、マネー・ロンダリングのパイオニアであり元祖なのである。

アメリカに還流された金の大半は、シンジケートの再投資に向けられた。それを私用に向けるのは、もってのほかだ。なぜなら、その金で派手な生活を送ると、IRSや警察の関心をいたずらに惹く危険性があるからだ。場合によっては、それから足がついて命取りになりかねない。ましてや、現金を箪笥《たんす》に仕舞うようでは、投資による大きな利益を上げられないので持ち腐れである。

ランスキーは、有望分野に再投資をして、より多くの利益を上げることを、ドンたちに積極的に勧めていた。ビジネスマンとして、極めて健全で賢明な考え方である。ビジネス界では、「現状維持は退歩なり」というように、事業を絶えず積極的に拡大してこそ、より多くの利潤を上げることができるのだ。このことから、彼が従来のマフィアの個人事業とも言える仕事や活動を、近代資本主義的ビジネスの域にまで高めた開拓者であり、その最大の功労者とされる所以《ゆえん》である。

その主たる投資先となったのが、金のなる木のラスベガスだ。ラスベガスの更なる発展のために、カジノの建設資金に充てられた。

ランスキーは、そのことに触れて、

「おれたちは、スイスの銀行やアメリカの銀行から金を借りて、ラスベガスに投資しているが、どっち道、それはおれたちの金だ」

と、うそぶいたという。

ランスキーは、その金を再投資の資金に充てただけでなく、不平が出ないように出資者やマフィアのボスたちへの報酬としても使った。その中には、イタリアに追放されたルチアーノも入っており、彼に間違いなく届けられていた。ルチアーノは国外にいながら、ランスキーの盟友であっただけでなく、依然としてアメリカン・マフィアに大きな発言権を持って、にらみを利かせていたからだ。

政治家や役人へ贈る裏金にも多く使われたが、彼は、他のドンのように政治家や警察に賄賂として使うことはせずに、より大きな効果を狙う。これはと思う重要人物、中でも政治家や官僚がいれば、彼らにカジノの株式を与えて、共同出資者として迎え入れ、永続的効果を狙った。ランスキーは、不動産を持つことよりも、人間を所有することを好んだ。

これが示すように、ランスキーは視野が極めて広く、並外れた先見《せんけん》の明《めい》がある。つまり彼は、政府や地元関係者を出資者とすることによって、不要なトラブルを避けさせて、組織暴力団の行為を、一般社会に合法的に融合させたのだ。

この方策によって、シンジケートに有利な成果を多くもたらし、後世に残る大きな影響を与えた。ランスキー亡き後も、〝ランスキー方式〟と呼ばれて、組織暴力団の基本的手法として、未だに使われている。

その後のランスキー

ランスキーは、ルチアーノの死後も、図太く、しかも巧みに生き残った。しかしルチアーノの権力が弱まり出すと、イタリア系マフィアのドンたちは、ランスキーが目の上のたんこぶになり始める。

ランスキーを殺害する話が、彼らの間で何度となく持ち上がったが、彼が肝心要《かんじんかなめ》の台所をしっかりと握っているので、金の出回りが悪くなるのを恐れて、あえて決行しなかった。1952年に入ると、ランスキーがかねてから関心を持っていたキューバで、贔屓《ひいき》にしていたフルヘンシオ・バティスタ将軍が、クーデターで大統領に返り咲いた。

当時のキューバはカストロ政権前で、暖かい気候と名物の葉巻やルンバ音楽に惹かれて、アメリカ観光客の人気を呼んでいた。だが、新任したバティスタ大統領には、1つの大きな悩みがある。キューバでは賭博は公認されていたが、どういうわけか、観光客はカジノを避けて、金を落とさないことだ。

大統領はカジノを建て直すため、賭博ビジネスに関して、右に出る者がいないランスキーを顧問として迎え入れた。彼は、2か所あったカジノを徹底的に調査したところ、いかさま賭博が横行していることが、不人気の原因であることを突き止めた。

ランスキーは、不正行為をしている元締めやディーラー（カードを配る人）を即刻、解雇する。そこで、信頼の置ける人物を招いて、正直公平なゲームに徹させた。こうすれば利益率は確かに落ちるが、長い目で見ると、多くの客をコンスタントに呼べて収益が向上すると考えた。その予想通りに、ハバナのカジノは目に見えて業績が回復する。

これはランスキーの長年の経験がもたらした知恵である。このことから見ても、彼がどれほど優れたビジネスマンであるかを端的に示している。

バティスタ大統領の厚い庇護下《ひごか》で気を良くしたランスキーは、1955年に、ハバナ随一のホテル・ナショナルの中に豪華なカジノを開設した。そのオープニングには、有名な黒人歌手、アーサ・キットをアメリカからわざわざ呼んだ。調子に乗った彼は、同年春、新たに21階建ての高層カジノ・ホテル、リビエラをハバナに建てた。

しかし、ここまでが彼のキューバでの絶頂期で、それも3年と続かなかった。というのは、バティスタ大統領の圧制と腐敗にたまりかねた市民が、フィデル・カストロの指導の下に蜂起《ほうき》したからだ。

1956年末、亡命中のカストロがキューバに上陸した後、ゲリラ戦を展開し、人民の広い支援を受けて優勢となり、その2年後にバティスタ政権を打倒する。形勢が不利なことを見て取ったランスキーは、アメリカに逃げ帰らざるを得なかった。

アメリカに戻ったランスキーは、ラスベガスの利権の拡大と確保に狂奔《きょうほん》した。というのは、フラミンゴ・ホテルの業績が軌道に乗り、大きな利益を出し始め、それにあやかろうと、多くのドンがカジノ・ホテルの開設にこぞって走ったからだ。

建設ラッシュが始まり、6キロの寂れた田舎道がメイン・ストリートとなり、ストリップ大通りと名づけられるほどに発展する。その両側に沿って、フラミンゴ・ホテル開業の4年後の1950年にオープンしたデザート・インを走りに、サンズ、スターダスト、シーザー・パレスと名だたる豪華な高層ホテルが軒並み建てられた。

しかも驚くことに、どのホテルも、なんらかの形でマフィアのボスが、単独、あるいは複数で、直接・間接に投資して経営に関与していた。

頭脳の男、ランスキー

１９５０年代のラスベガスのカジノは、シンジケートにとって、文字通りドル箱となっていた。この開拓者がランスキーであるからには、当然のことながら、どの投資家を認めるかについて彼が決定権を持っている。

ランスキーは、ラスベガスでカジノ・ホテル事業を始める上で、絶対条件を付していた。すなわち、その事業に、株主あるいはパートナーとして、彼が実際に参加しなければならないことだ。

ランスキーが非常に賢かったのは、進出する条件として、そこで上げた利益から単にリベートを巻き上げることに甘んじないで、彼を資本参加させることだ。それほどまでにこだわったのは、株式を所有し共同出資者になることによって、会社の基本的な運営、例えば、決算から取締役の選定に至るまでに関与できるだけでなく、帳簿の閲覧も自由にできる。その企業を実際に把握し、チェックできる最も効果的な方法だからである。

つまり、金の流れを抜け目なく掌握し、ごまかされないようにするためだ。騙した方ではなく、騙された方が悪いとする、いかにもユダヤ人らしいランスキーのやり方である。

もちろん、ランスキーは、個人名で投資や資本参加をすることはなく、隠れ蓑として国内外の様々なペーパー・カンパニーや名義を用意している。これほど多くのラスベガスのカジノを掌握し、操っていたにもかかわらず、彼の名義で営業ライセンスを州から取得したことは一度たりともなかった。

この結果、ランスキーは、後発のカジノを意のままに動かし、それから得る収益で莫大な儲けを上げていた。しかも、表向きの利益とは別に、その上前《うわまえ》を巧妙に撥《は》ねて、自分の取り分として隠匿していたが、儲けを独り占めすることなく、出資している関係者から文句が出ないように、それを公平に分配していた。

そのうちに、ルチアーノを国外に追放することに成功した司法当局は、残る大物、ランスキーに狙いをつけていた。多額の裏金が動いていることを察知したＩＲＳは、執拗にその金の出所と実態を探り始めた。

過去の例から見ても、マフィアを脱税で起訴するのは比較的容易なのだ。なぜなら、客観的な数字で証明できる上に、それで有罪にした実績があるからだ。

シカゴの悪党、アル・カポネを11年間、投獄できた罪状は、殺人や麻薬密売ではなく脱税である。カポネは、無収入ということで税金を全く払っていなかったが、彼がサインした高額の領収書が発見されて、それから足が付いた。仲間の大物ミッキー・コーヘンも脱税で15年の懲役刑を受けている。

しかし、ランスキーの別の異名が、〝ザ・ブレン（頭脳）〟であるように、お金の運用や隠匿法《いんとくほう》については、並外れた頭脳を持っている。彼が巨額の金を動かし、隠匿していることをIRSはうすうす把握していたものの、その確証を見つけられなかった。ランスキーは、容易に尻尾《しっぽ》を出さないのだ。

例えば彼は、関係するカジノが、公式帳簿に記載する利益に対する税を、きっちり納付していた。だが、裏で動いている多額の金については、文書に残されたものはなく、数字に関して天才的だったランスキーの頭の中にすべて仕舞い込まれていた。

だが、司法当局の追求の仕方は、日増しに執拗さを極める。電話の盗聴はおろか、尾行もされた。ランスキーはフロリダとニューヨークに家を持っていたが、連邦捜査官が、家宅捜査のため、予告なしに訪れることがしばしばあった。

旅行をするにしても、彼だけが意地悪く狙い打ちにされた。空港での荷物検査は入念にされた上に、ボディ・チェックまでされたことがある。だが、冷静なランスキーは、その挑発に乗ることは決してなかった。

レーガンが大統領の頃、数多くのスキャンダルや失政があったにもかかわらず、彼自身の責任が問われなかったので、〝テフロン大統領〟と呼ばれていた。テフロンとはフッ素樹脂の商標で、その卓越した非粘着性の特質から、調理器具の表面加工として使用されている。そのようにランスキーは、多くの悪事を重ねながらも、テフロンのごとく、あらゆる容疑を撥ね返していた。

しかも、彼の私生活は地味そのものだ。シーゲルや他のイタリアのドンたちのように、派手なネクタイや広いラペルの背広を着ずに、普通の銀行員と見まがうような身なりをしていた。

また、夜遊びをしたり、浮名を流したりすることもなく、規則正しく家に帰って、読書にふけるのが日課だ。表に出ることを極端に避け、絶えず陰に回って暗躍していた。このことが、悪事を繰り返しながらも、長らく無傷のままでいられた理由の1つである。

彼のあだ名、〝リトルマン（ちび）〟が示すように、背が低く、貧弱な体格だったことが、幸いしたのかもしれない。外見から判断して、世間を騒がすような凶悪犯、ましてや凶暴なマフィアを一手に牛耳るような男には、とても見えない。

ただ、その彼も1回だけ有罪になったことがある。それは彼の数々の悪行から見れば、取るに足らない軽い刑だ。1953年に、サラトガ・スプリングスで、違法なカジノを運営したかどで90日の禁固刑を受けたが、容疑を素直に認めたので60日で釈放されている。有罪になったのは、これが最初で最後である。

ところでランスキーは、ユダヤ人だが、熱心なユダヤ教信者ではなかった。週末の安息日は休まず、シナゴーグ（礼拝所）にも行かなかった。ユダヤ人は、息子が13歳になると、バル・ミツヴァー（成人式）を行うのが通例だが、彼は自分の子供が成人したとき、この大事な慣習を守らなかった。家では、キリスト教徒が祝うクリスマス・ツリーを飾り、ユダヤ教が固く禁じる豚肉やその加工品のベーコンを口にしていた。

ユダヤ人には守らなければならない、極めて重要な三大義務がある。すなわち、「トーラ（聖書）の学習」と「礼拝」、それに「慈善行為」だ。慈善行為は宗教上、義務付けられているので、ユダヤ人は他の民族集団には見られないほど、慈善事業に極めて熱心である。

ランスキーは、この義務だけは守っていたようだ。当時、ユダヤ人の積年の願いであるイスラエルの国家が誕生し、その後、度重なる戦争で国家は極端に疲弊《ひへい》していた。ユダヤ人としての民族意識から、それを見るに忍びなかったので、金銭面で救いの手を積極的に差し伸べていた。

当時、アメリカのユダヤ人は、イスラエルの同胞を援助するため、数々の支援や募金運動を行っていた。それに応えて、彼は関係するカジノに、イスラエルの国債を購入させている。個人的にも、同国から献金の要請があったとき、惜しげもなく大金を出した。

ランスキーは普段から、どんな取引でも、証拠が残らない現金で行うほど用心深かった。そのため、彼はニューヨークやボストンなど5都市に活動の拠点を置いていたが、不慮に備えて、そこの銀行の貸し金庫に現金を常時保管していた。だが、企業や個人の献金は、寄付行為として免税となるので、この場合に限って、支払いは現金でなく、証拠が残る小切手にしている。そのような免税のメリットを利用できるだけでなく、寛大な慈善家を装って、世間の強い風当たりを、かわすのも目的である。

第5章◉ますます繁栄するラスベガス

ハワード・ヒューズの登場

1967年からわずか4年だったが、ラスベガスに彗星のごとく現れて、大きな話題を呼びながら、静かに消え失せた人物がいる。それは、世界有数の大金持ちのハワード・ヒューズである。

ヒューズは、それまでダーティなイメージを持たれているラスベガスを、クリーンなものに塗り替える救世主として、地元から非常な期待をもって迎えられた。というのは、彼は青年実業家として数々の新事業を成功させて、全米で大変な人気を呼んでいたからだ。

その期待通りに、ヒューズはわずか半年間に、驚異的なペースでラスベガスの大手カジノ・ホテルを5か所も、続けさまに買収する。彼のような人物の出現が熱望されるには、次の背景がある。

1950年代のラスベガスは、驚異的な繁栄を休みなく続けていたので、世間の注目を浴びるところとなった。その頃、シンジケートはすべてのカジノ・ホテルを、あたかも自分の持ち物でもあるかのように自由勝手に取り仕切っていた。にもかかわらず、ラスベガスとマフィアの密接な関係は、まだ世間一般には知れ渡っていなかった。

ところが、彼らがどんなに深く係わり合っているかが、１９５０年代後半の様々な出来事や事件から、次第に明るみに出始める。例えば、こんな些細なことから、マフィアとラスベガスの深いつながりが判明した。

フランク・コステロは、ニューヨーク五大マフィア・ファミリーの１つを率いる大物ドンである。彼の、どすの利いただみ声は、かつて上院公聴会に召喚された際に、テレビを通じて一躍有名になった。後に映画『ゴッドファーザー』で、ドン・コルレオーネを演じたマーロン・ブランドが、その声を真似したといわれている。

ニューヨークで、コステロが帰宅途中、敵対するマフィアにピストルで撃たれて、一命を取り留める事件が起きた。その際、病院に担ぎ込まれた彼の服を、ＦＢＩ捜査官が調べたところ、ポケットから１枚の紙が見つかる。それにはラスベガスのカジノ・ホテル、トロピカーナの１日分の売上高と収益が、克明に記されていたのだ。しかも、それを確認するカジノ総支配人のサインまでが入っている。

ＦＢＩがその真偽のほどをトロピカーナに確かめると、そのサインに間違いはなく、これでコステロが陰のオーナーであることが判明する。ニューヨーク・マフィアと、遠く離れたラスベガスとの深いつながりが、図らずも暴露されて世間を驚かせた。それればかりか、このカジノはコステロ以外に、シカゴやニュー・オーリンズの大物ドンも関与する合弁事業であることも暴かれる。

その翌年、ランスキーの子分、ガス・グリーンバウムが、ラスベガスのリビエラ・ホテルの裏金を盗んでいることがばれて、夫婦揃って喉《のど》をかき切られて殺害された。これが当時、大きなセンセーションを巻き起こした。これをきっかけに、ラスベガスのカジノが、どれほどシンジケートに支配され、収奪されているかを、ジャーナリストが次々と暴露《ばくろ》し始めた。

さらに1960年に入ると、シンジケートにとって、非常に気がかりなことが起こる。その年に、ジョン・F・ケネディが大統領に就任し、弟のロバート・ケネディを司法長官に任命したことだ。ロバートは正義感が非常に強い男で、このポストに就くや、マフィア、中でもラスベガスの組織犯罪を徹底的に追及し始めた。その結果、ここがマフィアによって実質的に支配され、彼らの莫大な収入源になっていることが判明するに及んで、広く知られるようにになった。

そこで、マフィアとの汚れた関係を払拭したいラスベガスは、この悪いイメージを、どのように変えるかを真剣に考えていた矢先に、タイミングよく現れたのが、ハワード・ヒューズなのである。

レオナルド・ディカプリオが、映画『アビエイター』でヒューズを演じたように、彼は一世を風靡した伝説的な人物だ。父の家業である石油掘削《くっさく》機用のビット（刃）を製造する会社から巨万の富を築いた。それをもとに飛行機の開発と製造に夢中になり、果ては自ら操縦桿《そうじゅうかん》を握るようになる。1938年に世界一周飛行を成功させ、美男であることも手伝って、一躍、時代の寵児《ちょうじ》となった。

しかし、持ち前の好奇心が高じて、自分が開発した偵察機を、自らテストしている最中にビバリー・ヒルズで墜落事故を起こし、危うく命を落としかけたことがある。その現場は、偶然にも、1年後にシーゲルが射殺された家と目と鼻の先だ。

ヒューズは、大のプレイボーイで、多くの有名女優と浮名を流しただけでなく、数々の映画製作まで手がけた。彼はシーゲルと同世代で、映画の友人を通じてシーゲルと知り合った関係から、美女を連れて、ラスベガスのカジノをよく利用していた。

彼が、ラスベガスのホテルを買収する気になったのは、1966年に、デザート・インの最上階全部を借り切って、長期滞在していた時のことだ。正月が迫って、その時期は一年を通じて来客が最も多く、ホテルにとっては書き入れ時である。大金を賭ける常連のために、その階の部屋をどうしても空けてほしいホテル側は、ヒューズにチェック・アウトを頼むが、彼は頑として応じなかった。

ヒューズからいかに対応をすべきかと聞かれた側近が、冗談半ばで、「いっそのこと、このホテルを買い取ってはいかがでしょうか?」と言ったところ、それを本気にして、定宿《じょうやど》にしていたデザート・インを買収するのだ。その後サンズ、続けてフロンティアといったためぼしいカジノ・ホテルを、金に飽かさずに次々と買い進める。

それを可能にしたのは、彼に豊富な資金があったからだ。彼が育て上げた航空会社TWA社を、前年に高額で売却していた上に、カジノ・ホテルのような他企業を買収すれば、税法上、減税できる特典がある。

ヒューズのようなクリーンなイメージを持った一流企業家が、積極的にラスベガスに進出してきたことは、同市にとってまさに渡りに船だった。これによって、世論からの激しい批判や非難をかわせるものと期待し、マフィアの連中も諸手《もろて》を上げて歓迎した。

ヒューズは、数々の奇行の持ち主である。特に有名なのは、映画『アビエイター』でも見事に描かれているが、その病的ともいえる潔癖性《けっぺきせい》だ。デザート・インに長年住んでいる間、部屋にずっと引きこもって、決して外出しなかった。彼の顔を見た人さえいなかったほどだ。それは、ヒューズが人から細菌や病気をうつされるのを、極度に恐れていたからだとされている。

そのため、外部との折衝や交渉にあたる人物が必要となり、その役として、元FBI局員のロバート・マヒュが1965年頃から雇われ、ヒューズの厚い信頼を得るようになった。だが、このマヒュが、とんだ食わせ物だった。

マヒュは、ヒューズが外に全く顔を出さないのをいいことに、代理人という立場を利用して、彼のビジネスを一切取り仕切って幅を利かせた。だがその裏で、多くの取引で私腹を肥やし、自分の豪邸を造るまでになっていた。

しかもマヒュは、ラスベガスにおけるシンジケートの〝大使〟、つまり利益代表とされたジョニー・ロッセリと組んで、2人だけの商売を密かに営んでいた。例えば、ヒューズがフロンティアを買収した際、大きな収入源のであるギフト・ショップの経営権をロッセリに与えている。

ヒューズは金に任せて派手な買収を行い、表向きは、従来からの暗い関係を断ち切ったかのように見えたが、実際はそうではなかった。先のデザート・インを買収した際も、単にその地上権を55年間、買ったに過ぎない。その土地はマフィアが所有しているので、依然として大きな発言権を持ち、にらみを利かせていた。

また、カジノでの使用人も、素人を雇うわけにはいかず、主要なポストにロッセリの息のかかった、その筋の人を置かざるを得なかった。

ヒューズの失脚

お金にこだわるマフィアが、カジノというドル箱を、おいそれと手放すはずはなく、表面に出るのを避けて、地下に潜《もぐ》ったに過ぎなかった。ヒューズがいくら多くのホテルを買収しても、彼らがカジノの利権を実質的に掌握し、大儲けをしていた。

マフィアに収奪されるようでは、ヒューズのホテル事業の経営がうまくいくはずはなく、大金を投じても、穴の開いたバケツに水を注ぐようなものだ。一説によれば、5000万ドル（現在価値換算2億5000万ドル）もの大金が、彼の懐からマフィアに流れたという。彼の事業が破綻するのは、もはや時間の問題となった。

1970年になると、ヒューズの事業は一挙に矛盾が噴出し、大赤字を出して倒産寸前になる。それを待ち受けていたかのように、窮地から救う「白馬の騎士」（救世主）として登場したのが、バハマに本社を持つ、無名のインターテル社だ。

同社は、バハマのカジノを経営するリゾート・インターナショナル社の子会社である。バハマは、先に触れたが、アメリカ企業や犯罪組織が、税金逃れや実態を隠すためのタックス・ヘイブンとして利用されることで悪名高い。

切羽詰《せっぱつま》っているヒューズは、やむなく全てのホテルを、インターテル社に売却する。その数か月後に、同社関係者がヒューズの所有する6つのホテルに一斉に乗り込んで、現金や帳簿を差し押さえて経営を乗っ取った。

それと同じ頃、ヒューズはホテルから密かに担架《たんか》で運び出されて、民間ジェット機でバナに移送され、これを最後にラスベガスの地を2度と踏むことはなかった。

世間では、彼はマフィアをラスベガスから追放した英雄と称えられたが、それは事実とは程遠く、結局、マフィアに食い物にされて、放り出されたに過ぎなかった。

ところで、先のインターテル社の親会社、リゾート・インターナショナル社の陰の所有者は、他ならぬランスキーである。つまり、彼がすべてのお膳立てをして、ヒューズの最後の花道を飾った。自分が育て上げた、金城湯池《きんじょうとうち》のラスベガスに関して、ランスキーは、依然として強大な影響力を持っていたのだ。

ヒューズが去ったことで、ラスベガスの主要ホテルの経営権は、再びシンジケートの手に戻った。だが、これを契機にシンジケートは、自分たちとの結びつきが分からないように、内外の企業や個人など、多くの隠れ蓑を使って巧妙に仕組んで水面下で運営する。

イスラエルに逃亡するランスキー

ランスキーは、1970年からイスラエルに永住することを、真剣に考えるようになる。というのも、彼はすでに68歳の老齢に達し、心労や胃潰瘍《いかいよう》が原因で、目に見えて衰弱し始めたからである。

それに加えて、彼がシンジケートの実権を掌握している事実が暴露されるに及んで、政府からの度重なる捜査や干渉が、日増しに執拗となったからでもある。それから逃れるためだ。

また、晩年を迎えるにつれて、自分のルーツであるユダヤ人としてのアイデンティティーをますます自覚し、父祖の地で老後を過ごすことを夢見たものと思われる。60歳の時に、自分の祖父母が眠るイスラエルを初めて訪問したのが、それを意識させる契機になったようだ。

幸いイスラエルには、「帰国法（Return of Law）」という、ユダヤ民族の帰還を促進する特別法がある。この法律によって、母親がユダヤ人であれば、公共秩序を乱した犯罪歴がない限り、どこの国に住んでいても、母国イスラエルに帰還すれば、無条件に市民権が与えられた。

ランスキーは、この法律を利用して永住権を取得するため、1970年にイスラエルへ渡った。暗い前歴があるだけに、コネを利用して市民権の獲得に狂奔する。彼のことだから、相当の裏金を使ったものと思われる。その結果、取得できる寸前まで漕ぎつけたが、予想すらしない事態が発生する。アメリカとイスラエルの外交問題に巻き込まれるのだ。

当時のイスラエルは、エジプトやシリアとの第三次中東戦争、いわゆる「6日戦争」が終わり、消耗した軍事力を回復するため、軍備を懸命に増強していた。中でも、アメリカから最新鋭の戦闘機を導入しなければならない、切迫した事態に追い込まれていた。なぜなら、敵対するエジプトが、ソ連からミグ戦闘機やミサイルを大量に購入している一方で、それまで同国にミラージュ戦闘機を供給していたフランスが、売却を取り止めたからだ。

困窮したイスラエルは、それに代わるアメリカのファントム戦闘爆撃機をどうしても入手したい。ところが、この売買交渉が成立する直前になって、アメリカ政府はイスラエルに対し、重大な逃亡犯とみなしているランスキーに永住権を与えるなら、ファントムを売却しないという付帯条件を出したのだ。のどから手が出るほど戦闘機が欲しいイスラエルは、その条件を受けざるを得なかった。

貧乏くじを引かされたのがランスキーである。情勢が不利に転じたと知った彼は、ビザの期限が切れる数日前に、やむなくイスラエルから退去した。そこで、彼を受け入れる新天地を求めて、南米のリオデジャネイロやブエノスアイレス、さらにはパラグアイなどを転々とする。だがランスキーの暗い過去が周知の事実となっているので、ことごとく空港で入国を断られた。

頼みの綱のパナマでも入国を拒否されたので、やむなく元の居住地、マイアミに戻らざるを得なかった。飛行機が到着するなり、不正行為を犯したかどで、待ち構えていたFBIに検挙されるが、とりあえず25万ドルの保釈金を積んで釈放された。

しかし旅券を没収され、マイアミのコンドミニアムで警察の監視下に置かれて、幽閉《ゆうへい》同然の生活を送ることになる。程なく連邦裁判所で告発されるが、その罪状は、大陪審《だいばいしん》に召喚されたのに応じず、帰国しなかったことである。その罪で、1年半の禁固刑を受けたが直ちに控訴した。

ランスキーは、控訴をしている間、追い討ちをかけられるように、脱税のかどでも告発されたが、有罪とならずに政府側の敗訴となった。

帰国後の10年間、アメリカ政府は告発や起訴を執拗に再三再四繰り返したにもかかわらず、驚くべきことに、どれも彼を有罪にすることはできなかった。ランスキーは、まさしく〝テフロン人間〟である。

ランスキーはシーゲルのように酒はたしなまず、女遊びにもふけることもなかったが、唯一、タバコが何よりも好きで、立て続けに吸うほどのチェーン・スモーカーだ。それが原因で肺がんに侵され、先の裁判も、息苦しさのあまり酸素吸入をしなければならなかった。

これが原因で、1983年1月にこの世に別れを告げ、享年80歳だった。シーゲルより39年、ルチアーノよりも、16年も長く生き延びた勘定になる。

その時、彼が残した個人財産は、実に4億ドルにも上ったという。これは、現在の価値にすれば約6億ドル（円貨換算約6300億円）にも達する膨大《ぼうだい》な金額である。

ランスキーが残したもの

ランスキーが、極めて狡猾《こうかつ》で冷酷な犯罪者であったことは、疑いもない事実である。だが彼には、状況や情勢を冷静に分析し、取るべきアクションを的確に判断する並外れた才能があった。

彼の最大の功績は、マフィアが身内同士で敵対し、無駄な抗争を続けて消耗するのを止めさせ、組織を統一して近代的シンジケートにまとめたことだ。世間一般では、ルチアーノがその統一を実現させた功績者だとされているものの、実際はランスキーが、その実質的功労者なのである。

もちろん、それを実現するのに、竹馬の友、ルチアーノとの固い友情と協力があったことは否めない。ただ、ルチアーノと対照的だったのは、ランスキーが書物を読み、よく勉強することだ。小説は作り話という理由で好まず、事実をもとにした歴史物語をもっぱら愛読していた。

対照的にルチアーノは、勉強嫌いで学識がない。見かけも行動も地味なランスキーに対し、彼は派手な高級服で身を装い、美女を何時も連れ回している。ただルチアーノは、部下を扱うのがうまく、マフィアの大半を占める同族のイタリア人を掌握していた。つまり、ランスキーとは歯車のように互いの弱点を補完し合っていた。

ランスキーが賢明だったのは、シンジケートのトップになるのを決して望まなかったことだ。あくまでも裏方に回り、ルチアーノの顔を立てて、ブレインとして支えている。だが、シンジケートの最大関心事と目的は金儲けである。ランスキーは表にこそ出ない代わりに、その錬金術《れんきんじゅつ》と台所を一手に握っていた。

この財源となったのは、彼が最も得手とする賭博ビジネスであり、その大きな収入源は、自分が育て上げたラスベガスに他ならなかった。それは雨後《うご》の竹の子のようにできた多くのカジノから得る儲けである。そこに大物ドンたちが、何らかの形で資本参加し、投資をしている中を、彼らが最も弱い金儲けというアキレス腱を、ランスキーがしっかりとつかんでいた。

もちろん、ドンたちから不満が出ないように、ランスキーは分け前を公平に分配して手なずけていた。これには自己防衛的な意味合いもある。彼はユダヤ人で、マフィアの主流であったイタリア人ではないので、邪魔な彼を消す話が何度か持ち上がったが、金脈《きんみゃく》がなくなるのを恐れて、誰もあえて手を出せなかった。

マフィアの生命線ともいうべき、お金の台所を掌握していたことは、とりもなおさず、シンジケートを実質的に動かしていたのはランスキーだったことを意味する。アメリカのマフィアといえば、映画に見るような派手な撃ち合いや残酷な殺し方で、一般にイタリア人が牛耳っているように思われている。しかし、大恐慌以降の40年間、マフィアを実質的に掌握していた支配者は、イタリア系のゴッドファーザー、ルチアーノではなく、ユダヤ系のランスキーだ。彼はまさに、名を捨てて実を取っていたのである。

ランスキーの先見性

ランスキーは賭博ビジネスに関して、理論だけでなく実践においても裏も表も知り尽くしていた。彼は禁酒法下にあっても、酒類の取り締りが不可能だったように、賭博をするのは人間生来の強い欲望なので、法律で取り締まるのは不可能だと考えた。しかも現行犯で取り締まるには、莫大な経費と人手がかかるので、全国的に賭博が解禁されるのは、もはや時間の問題だと確信していた。

さらにランスキーは、自分の生存中に賭博を罪悪視し、厳しく取り締まった体制が、いったん賭博が利益をもたらす有望なビジネスだと分かると、一転して社会的・倫理的に正当化してしまうことを見抜いている。

その信念から、ネバダ州で賭博が解禁される以前から、ニューヨーク州のサラトガ・スプリングスやマイアミ市の近郊で、カジノを密かに経営していた。ところが彼は、そのかどで一時有罪となり、短期ながらも入獄したことに、非常な不満を抱いていた。賭博ビジネスが、近い将来に必ず合法化されるはずなのに、なぜ、自分が投獄されなければならないのかと納得がいかないのだ。

それだけにランスキーは、シーゲルのラスベガス計画を全面的に支持し、その明るい将来性を信じたからこそ、シンジケートの大金を投じたのだ。シーゲルは、その後のラスベガスのすさまじい繁栄ぶりを見ることなく、無念の最後を遂げた一方で、ランスキーは予想通りに実現することを、自分の目でしっかり確かめている。

しかもランスキーの死後、1990年代に入ると、ラスベガスのあるネバダ州以外の47州に加えて、多くのインディアン特別保留地でのギャンブルが合法化されて、数多くのカジノが開設されている。そのことから見ても、彼に先見の明があったといわざるを得ない。

2006年の1年間に、アメリカ人が合法的に賭博で費やした金は、約910億ドル(約11兆円)に上ったが、これは映画、テーマパーク、観客スポーツ、レコード音楽に使用される総額を上回ることから見ても、どれほど大きなビジネスかがよく分かると思う。

最近の報告によれば、賭博を合法化したオレゴンやサウス・ダコタ、デラウエア、ロード・アイランドなどの各州では、賭博による税収入が、州全収入の1割以上を占めるほど重要になっている。

その恩恵で、一部の州では所得税や固定資産税を増税する必要がなくなり、むしろ軽減さえしているところが出ている。ギャンブルが、今やネバダ州から他州へと拡散して、それまでこれを厳しく処罰してきた、その政府自体の大きな財源となっているのは、皮肉だと言わざるを得ない。

ランスキーの予言通り、禁酒法が長続きしなかったように、賭博行為は人間の強い欲望であるからには、政府がそれをいくら抑圧《よくあつ》しても、法的に禁止することはできないのだ。だが、ランスキーが生前に嘆いたのは、自分たちが折角苦労して開拓したビジネスを、体制側が、そのパイオニアの手から奪い取ろうとしていることである。なんら目ぼしい産業がない不毛の地ラスベガスに、文字通り心血を注いで、有望なカジノ・ビジネスに作り上げると、それまでこれを非道徳的だと非難した連中が、一転して大資本の利を活かして、それを乗っ取ろうとしている。

ロックフェラー、ヒルトン、ローズ、シェラトンといった既存の大手ホテル・グループは、アメリカの支配階級と目されるＷＡＳＰ（ワスプ、白人新教徒階級）に属する。それらの体制側グループが、ラスベガスのカジノ・ホテルを積極的に買収したり、新たに建設したりして、恥も外聞もなく進出し出しているのだ。

ランスキーの抱いた危惧は、彼の死後、そこまで心配するほどになっていないようだ。というのも、ラスベガスにおけるシンジケートの影響力は、見掛けは弱まったように見えるが、依然として直接・間接に大きな発言権を持っているからである。

ラスベガスが属するクラーク郡のカジノは、２０１６年現在、１７６にも達し、それを体制側がすべてカバーすることはとても無理だ。現に、メイン・ストリートのストリップ大通りに面した豪華ホテルの実権すべてを、シンジケートが陰で握っている。マフィアが、大きな金脈をおいそれと手放すはずはなく、現在のラスベガスにおいて、彼らは到底無視できない隠然《いんぜん》たる存在なのである。

今日のラスベガス

カジノをいち早く合法化したラスベガスでは、他州で多くのカジノが開設されても、それを尻目にますます繁栄を続けている。他で新設されたカジノは活気がなく平凡なので、ラスベガスの足を引っ張るどころか、その〝給餌器《きゅうじき》〟となって、むしろその繁栄を助けている。というのは、いったん賭博の醍醐味《だいごみ》を味わうと、ギャンブラーはより大きな夢を求めるからだ。その夢を実現させるのが、賭博のメッカ、ラスベガスなのである。

ラスベガスは、フラミンゴ・ホテルがオープンした9年後の1955年に、初めて9階建ての高層カジノ・ホテル、リビエラが建てられた後、1970年代に市中心部にホテルが陸続《りくぞく》と建設された。ただ1980年代は、全国的な景気後退で、一時的に建設ラッシュは収まったものの、１９８９年になると景気が回復し、建設労働者が不足するほど建設ブームが再開する。

中でも１９８９年にオープンしたミラージュは、「火山の噴火」という奇抜な趣向を凝《こ》らしことが呼物となり、多くの客がそれを見に、アメリカ全土から集まってきた。そればかりか、中には、初めは観光客として訪れたが、後にブームに沸く事業の従業員や労働者として定着する人さえ出た。

１９５９年に６３００人も収容できる、世界最大級のコンベンション・センターが出来て、業界各種の展示会や会合に広く利用されるようになったが、１９９０年に、東京ドームの約2倍の大きさに改修された。そこには、会議室が実に１５０も用意されており、各種コンベンションで年間約3万人を集めたという。

建設時、ラスベガス最大だったシーゲルのフラミンゴ・ホテルも、当初の１０５室から、現在は３５００室に客室が拡大されている。その後、ここはヒルトン・ホテルから、賭博ビジネスの大手、シーザーズ・エンターテイメント社へと転売された。

さらにＭＧＭグランドホテルが、５０００室以上にも上る大規模なホテルを建設するに及んで、世界最大のホテルになっただけでなく、客室数に関して、全米ホテルのベストテンは、今やすべてラスベガスにあるのだ。

ラスベガスの客室総数は約15万室（2012年当時）で、ニューヨーク市の客室総数の倍にも上る全米最大の規模である。東京都のホテル客室総数は約9万6000室（2012年当時）だが、人口800万人の東京の1％にも満たないラスベガスは、その約1・5倍の室数を誇っていることになる。それを見ただけでも、ラスベガスのホテルの規模の大きさと、同市を惹きつける吸引力が、どれほど大きいかが十分にわかると思う。

ラスベガスは、当初は大人の町、賭博の中心地とみなされてきた。ホテルは、客寄せのため、ショーやブッフェを無料で提供しているが、それはあくまでも、カジノ本丸《ほんまる》に誘い込むためである。しかし、1990年代後半に入ると、単に賭博の都としてだけでなく、一般の家族連れ向けの一大リゾート地として変身し、ますます発展するようになる。人目を惹くスケールの大きな、7つのテーマ・ホテルができたばかりか、20世紀も終わりに近づくと、さらに4か所も大型リゾート・ホテルが建設されるほど活況を呈した。

またショーも、従来はトップレスとか、セックスを売り物にするのが主流だったのが変化し、大掛かりで奇抜なものが行われるようになった。現在では、空中と水上で繰り広げられるダンス・ショーや、人体の極限に挑んだアクロバットなどのエンターテイメントが開催されて人気を呼んでいる。そのため、従来、無料だったショーが、最近では100ドル以上の入場料を取るようになっており、中には、その切符が入手できないほど人気を呼んでいるものがある。

さらに広大な遊園地や大観衆を収容するコンサートホールまでも、いくつかできている。それに加えて文化的な絵画展までもが開催されるようになった。例えば、2005年に開かれたフランスの画家、モネの展示会を多くの入場者が鑑賞し、開催期間を2回も延長せざるを得なかったほどだ。

このようにしてラスベガスは、まさに世界的な賭博の首都になっただけなく、エンターテイメントの一大中心地へと、見事に変貌して行くのである。

現在、実に20以上の航空会社がラスベガスに直接乗り入れしている。その上、驚くことに、その航空代の安価なことだ。ニューヨークからラスベガスまで4時間もかかるが、これは東京から香港までの所要時間に相当する。ところがその料金は、航空会社によって、往復でわずか約200ドル（約2万4000円）ですむ。

しかも、ニューヨークからラスベガスまではノンストップであり、毎日、定期便を飛ばしている。筆者はこれを利用したことがあるが、満席だった。その予約を頼んだ旅行代理店に聞くと、ここ数年間、このルートの利用者は3倍に増えたと言う。

なお、ニューヨークから車で、3時間ほどで行けるアトランチック・シティー市にも、豪勢なカジノが多くできており、ニューヨーク市内に、タダで往復できるバスも用意されているが、経営は不振を続けている、一方で、ラスベガスの景気は一向に悪くならないのだ。

賭博で潤うラスベガス

ラスベガスの本質がギャンブルであることを伝える興味深い実例がある。ネバダ州では、賭博行為をさらに一歩進めて、アメリカ全土で唯一、プロ・スポーツはおろか、アマチュア・スポーツまでも賭博することが許されている。

３月といえば、アメリカでは、俗に〝狂気の３月〟と呼ばれている。というのも、アメリカン・フットボールに次いで人気の高いバスケット・ボールの大学選手権が、この時期にトーナメント形式で競われ、アメリカ中を熱狂させるからだ。

64の大学チームが、東西南北の４ブロックに分かれて戦った後に、勝ち抜いたベスト４が、全国一の座を目指して激しく争う。

これに人気が集まる理由は、メジャーリーグのプレイオフであれば、その場に３週間も居座らなければならない。だが、バスケット・ボールは、ゲームの展開が非常に速く、結果がすぐに出るので、長く滞在しなくてもいい。それだけに賭けがしやすいのだ。

毎年3月は、ラスベガスは大盛況となる。この間、同地のカジノは少なくとも、8000万ドルは稼ぐという。ベラジオ、マンダレー・ベイ、ザ・ベネチアンといった一流ホテルは満室となる。他の大型ホテルのMGMグランドやルクソールは、通常、週末のホテル代が200ドルですむものが、プレミアムが付いて、その倍の400ドルに高騰するほどだ。一般の人は、やむなく郊外の三流カジノに陣取って、そのゲームの結果に一喜一憂する。

ラスベガスは、しょせんお金の町

多くの大々的なアトラクションや豪華なイベントが行われながらも、ラスベガスは、しょせん賭博、つまりお金に終始する町なのだ。色々と趣向を凝らしながらも、ランスキーがいみじくもラスベガスの本質を喝破したように、「賭場《とば》は、あくまでも賭場」なのである。

その実例として、1990年に、初めてテーマ・パークのコンセプトを持つホテル、エクスカリバーがオープンしたが、そのカジノは、４つの野球場が優に入るほどの広さだ。また、最大室数、５０００を誇るＭＧＭグランドも広大なテーマパークを持ち、そこにはスロット・マシンが３５００台も設置され、クラップスやルーレットなどのためのテーブルが、映画『オズの魔法使い』をあしらったモチーフの周りに、１７０台も置いてある。全米一の高さを誇る展望台、ストラトスフィア・タワーから全市を眺望できるが、ここにも、抜け目なく、１つの野球場がすっぽり入る広さのカジノが設けられている。

これだけの発展と拡大を続けると、当然のことながらラスベガスの賭博ビジネスは、ネバダ州経済全体に大きなウエイトを占めるようになる。１９９０年代に入ると、ネバダ州のトップ企業11社は、すべてカジノ関連企業であり、そのうちの8社は、ネバダ州政府よりも経済規模が大きいのだ。

さらに、その雇用者数も州上位の25社のうち、17社がラスベガスのリゾート・ホテルだった。ラスベガスはクラーク郡に属するが、大手ホテルが雇うガードマンは、郡警察官総数の4倍である。カジノ・ホテルは、同州経済にとって、無視できない強大な存在になっている。

１９９０年代に入って、大手のホテルチェーンやコングロマリットが、一流カジノ・ホテルを買収して、誰しも犯罪シンジケートとの関係を断ち切ったかのように見えた。ところが、ストリップ大通りに面した大型ホテル、20社のうち少なくとも17社までが、実質的にわずか5人の手に握られている。しかも、そのオーナー5人とも、過去にシンジケートの大物ドンとなんらかの深い関係を持った人物なのだ。どこのドンが経営に携わっているかが表面に出ないように、様々な方法で巧妙に隠蔽《いんぺい》されている。

シーゲルの生まれ変わりがウィン

その5人の1人、スティーブ・ウィンがこの典型的な例だろう。ウィンは、1989年にミラージュを建設したが、彼を一躍有名にしたのは、その9年後に16億ドル（約1700億円）の巨費をかけて建てたベラジオである。

そこは印象派を中心とする美術品のコレクションや、水の世界をテーマにしたショー〝O（オー）〟で、大変な人気を呼んだ。さらに世界的に有名なシェフを招いたレストランや一流デザイナーのブティックを設けるなど、従来にない新機軸を打ち出した。ホテルの前にはイタリアのコモ湖を模した広大な池があり、ヘンデルの音楽にシンクロした噴水のショーは圧巻である。

しかしウィンは、このホテルの設備に過大な投資をした上に、その公私混同には目に余るものがあった。これが親会社、ミラージュ・リゾート社全体の業績不振を招き、株価が低迷し始めた。その足元を見たのが、ライバルのＭＧＭグランドのオーナー、カーク・カーコリアンが、すぐさま買収に乗り出す。

彼は当時90歳近い高齢ながら、所有する投資会社トラシンダ社を通じて、カジノだけでなく、映画会社ＭＧＭや航空会社、自動車メーカーなどの一流企業を乗っ取ったことで名高い。

事業に行き詰まったウィンは、２０００年3月、ミラージュ・リゾート社を、６７６億ドル（約７０００億円）で、やむなくカーコリアンに手放した。その中には彼が手塩にかけて造った、ゴルデン・ナゲット、ミラージュ、トレジャー・アイランド、ベラジオなど、ラスベガスの名だたるホテルが含まれている。それだけ大きなスケールの取引にもかかわらず、わずか12日で商談が成立したという。

これで一世を風靡《ふうび》し、〝ラスベガスの王〟とまで称えられたウィンは、ギャンブル・ビジネスから足を洗って業界から引退するものと思われていた。

だが、そうではなかった。打たれ強い彼は、２００5年、売却後5年にして、かねてからの構想である、近代的で壮大なウィン・ラスベガスを、総工費27億ドル（約２８００億円）という巨費をかけて造るのだ。ベラジオの建設費が、16億ドルと高額なことで、1998年当時の人たちを唖然《あぜん》とさせたが、ウィン・ラスベガスは、それをはるかに上回っていた。

このホテルはストリップ大通りに面し、ベネチアンに隣接する歴史的なホテル、デザート・インの跡地に建てられた。2700室の42階建ての豪華なホテルである。しかも今回は、彼を一躍有名にさせたミラージュやベラジオのような一般的な固有名詞ではなく、自分の名をホテルに冠している。これはラスベガス史上最初のことである。

ウィン・ラスベガスは、従来の概念を打ち破る豪華絢爛《ごうかけんらん》さに加えて、ファンタジー（幻想）を売り物にして、国内外の有産階級を勧誘するのが狙いだ。ブティック風の個性豊かなホテルに仕立て、従業員に宿泊客の名前を必ず覚えさせて、行き届いたサービスに気を配った。

ここには2000席の大劇場が2つもあり、その1つは、7000万ドルをかけたドーム型劇場で、ステージは画期的な円形である。ここで著名なカナダのパーフォーマンス集団、シルク・ド・ソレイユが、人の度肝を抜くショー、〝ル・レーブ〟を披露《ひろう》した。

さらに18の高級レストランがあり、18ホールのゴルフ場もできている。シャネルやルイ・ヴィトンのブティックがあるだけでなく、フェラーリやマセラティのイタリア高級車も販売している。ウィンが個人的に蒐集したピカソやゴッホ、それにセザンヌとルノアールなどの名画がホテルの方々に展示された。

もちろん、収益の核となるカジノは、東京ドームのグランドほどの広さを持った広大なものである。そのテーブルで使われるチップ（現金代わりの数取り札）は最新鋭のものを導入し、ラジオ周波数で読み取れる装置が内蔵されている。それによって、その出し入れを細かくチェックできるだけでなく、偽造のチップが使用されることも防止できた。

興味深いのは、ホテルのエレベーターに40から49階までの表示がないことだ。それは〝死〟と同音の4の数字を忌み嫌う中国人の賭博客のために、特別に配慮されたのだ。

彼が、そのような細かい気配りをするには立派な理由がある。というのは、ウィンはマカオに進出し、そこに600室の豪華ホテル・カジノを2005年中にオープンする予定だったからだ。ウィンの知名度を利用して、賭博好きな中国や香港の客を多く当て込んでいた。その後ウィンは、マカオに「マカオ・ウィン」を、2006年9月にオープンし、600室のホテル内に、マカオでも最大級の面積を持つカジノを設けている。

ところが、ウィンにも、シンジケートとのいかがわしい関係がある。それは、彼の育ちを知れば十分に理解できる。ウィンはユダヤ人である。本名はユダヤ人に多いワインバーグだが、ユダヤ人に対する当時の強い偏見から、父親が英国風のウィンに改名した。

父親がメリーランド州でビンゴ・パーラーを運営していたので、彼は生まれながらにして、ギャンブラーの血が流れていたといえる。父に連れられて、子供の時からラスベガスを度々訪ねており、その地に憧れていた。

父が彼に、「ギャンブルで儲けようと思うなら、賭場を所有することだ」と教訓を垂れていたが、ウィンはその言葉を、身をもって実践するのだ。彼は東部の一流大学のビジネス・スクールを卒業し、父の仕事の関係から、多くのマフィアとの知己《ちき》を得たので、このツテを利用してラスベガスに移住する。

やがて、そのコネでフロンティア・ホテルの株を数%取得し、スロット賭場のマネージャーになり、それを手がかりに、非凡な商才で株数を漸次増やしていく。

その間、地元の大手銀行の頭取、パリー・トーマスに、その並外れた才覚と人あたりの善さから、自分の息子のように可愛がられるようになった。トーマスには5人の子供がいたが、ウィンは、「おれは6人目の子供だ」と、うそぶくほどだった。

当時、一流銀行は、カジノ・ビジネスはマフィアが絡んで、リスクが大きいという危惧《きぐ》から、その事業に対して貸し出しを渋っていた。だがトーマスは、豊富な資金源を持っていたこともあり、そのリスクを省みずに積極的に貸し出しを行って、ラスベガスの驚異的な発展をもたらす原動力となる。その手先となって推進したのが、ウィンである。

このトーマスの強力な資金的バックがあったからこそ、ウィンは、初めに保有していたフロンティア・ホテルを大改修し、さらにいくつものホテルを積極的に買い増して、新たに建設することができたのだ。

すなわち、手始めにゴールデン・ナゲットを手に入れると、人目を惹くトレジャー・アイランドや、大きなスケールのミラージュなどのホテルを次々と建てた。さらに休むことなく、今度は大金を投じて、先のベラジオを造り、それを売却した後に、自分の名を冠するホテルまでも造って、ラスベガスで押しに押されぬ地位を再び築くのである。

しかし彼には、暗黒街とのつながり、中でもニューヨークで強大な勢力を誇るマフィア、ジェノヴェーゼ一家との親密な関係が取りざたされていた。これを暴露した本が出版されたことがあり、その内容に激怒したウィンは、出版社を名誉毀損のかどでネバダ州の裁判所に訴え、金と力に物を言わせて勝訴した。その結果、敗訴した出版社は、倒産に追い込まれた。

裁判後、明らかになったのは、この裁判を担当した女性裁判官の夫が、ウィンの経営するベラジオの要職にあって高給をもらっていることだ。彼は、ラスベガスで裏から手を回せるほどの強力な力を持つようなっていた。

結び

シーゲルは、今日のラスベガスのめざましい繁栄ぶりを見ずに、若くしてこの世を去ったが、もし生きて、この別天地のような光景を見たとしたら、疑いもなく自分の目を信じないに違いない。さらにラスベガスで羽振りを利かしているウィンを見て、うぬぼれの強い彼のことだから、彼が自分の生まれ変わりだと思ったことだろう。

結局、現今の栄華を極めたラスベガスの種を蒔いたのはシーゲルである。彼が造ったフラミンゴ・ホテルが原型となり、それを真似した多くの大型カジノ・ホテルが建てられて、現在の盛大なラスベガスの礎となった。

ところが、シーゲルが蒔いた種の大半の収穫を、1950年から1960年代にわたって刈り取ったのは、間違いなくランスキーである。ラスベガスと関係が深いイタリア・マフィアの大物が、FBIに盗聴されているのを知らずに、仲間に向かって、「ランスキーは、おれたちイタリア人全部を合わせたよりも、カジノの利権を多く握っている」と、ねたんだという。

一方、ルチアーノがマフィア史上、偉大だとされるのは、それまで家長的ドンたちが、無駄な内部抗争に明け暮れて、勢力を消耗していたのを止めさせたことだ。さらに各地のイタリア系組織を整理・統合して、強固なシンジケートを結成した上に、組織を目立たないように潜行させたことである。

そのために7人からなる全国的委員会を作って、ファミリー同士の紛争やトラブルを審議し、話し合いで解決させた。この委員会に、あたかも私企業の取締役会のような役目を持たせ、決定した基本方針を傘下に徹底し、その決定に違反した者は容赦なく厳罰に処した。

マフィアの年配指導者は、若い衆から〝腐ったおなら〟と馬鹿にされていた。ルチアーノは、その旧態依然とした家族主義的なマフィアを、時代に即した近代組織に変革した。その評価によって、『タイム』誌の、20世紀で最も影響を与えた100人の1人に選ばれたのはもっともである。

彼が築いたマフィアの基盤は、現在に至るまで確固として残っており、そのお陰で多くのドンや配下が検挙されながらも、組織は不死鳥《ふしちょう》のごとく甦《よみがえ》っている。

このような統一された全国的基盤があったからこそ、ラスベガスは、オープン・シティーになったにもかかわらず、ファミリー同士の派手な抗争もなく、互いに利益を分かち合いながら大きく発展することができた。1つのカジノ・ホテルに、いくつもの違ったマフィアのドンたちが、仲良く出資し合っていることは決して珍しくなくなった。

あの1920年代の抗争に明け暮れたマフィアの「狂騒の20年代」や、凄惨を極めた「殺人請負会社」の時期が、とても信じられないほどの仲の良さだ。人一倍、利己的で自尊心の強いマフィアのドンたちを懐柔《かいじゅう》し、それを実現させたルチアーノの手腕には見上げたものがある。

しかし、ルチアーノに、この統一を実現させる能力に非凡なものがあったとはいえ、状況を冷徹な目で分析し、裏で作戦を指南したのは、他ならぬランスキーである。しかも、ランスキーが残した極めて重要な教訓は、組織暴力団に反目する政府関係者や有力者と対立するのを止めさせ、彼らをうまく抱き込んで融和させることだ。

アメリカのビジネスマンが好む格言に、「相手に勝てないなら、そいつと手を結べ」というのがある。いかにもアメリカ人らしい実利的なアドバイスだが、ランスキーは、それを文字通り実行する。反目する政治家や司法関係者、あるいは大資本家や地元有力者を、事業に参加させ、彼らに株式を与えたり、役員にして懐柔した。そのやり方は、先に触れた「ランスキーの方式」と呼ばれて、現今に至っても組織暴力団が生き残る上での鉄則になっている。

現在のラスベガスの大手カジノ・ホテルは、見掛けは少数の大企業の寡占《かせん》体制によって支配されているように見える。これは1950年代に、組織暴力団が同地を表だって動かした時代に比べると隔世《かくせい》の感がある。ストリップ大通りに面した一群の豪華ホテルは、表面では彼らとの関係を断ち切ったかのようだが、それは「ランスキーの方式」が実践されているに過ぎず、水面下ではシンジケートが実権を握っている。

ラスベガスの大きな発展をもたらした推進力は、なんと言ってもギャンブルだ。ギャンブルはアメリカ文化に深く根差しており、アメリカ人は大のギャンブル好きである。米国議会が2010年に調査したところ、その約86％が賭博をしたことが一生に一度あり、成年の約46％がカジノで賭け事をした経験を持っているという。ギャンブルに強力な牽引力があるからこそ、そのメッカ、ラスベガスに全国から多くの人を呼び寄せられるのだ。

それだけでなく、ギャンブルから得られる利益率の3～5割は、成功しているアメリカ一流企業の平均利益率の約2倍は優にあるという。これだけの高い利益率があれば、誰しも飛びつくだけの魅力を持っている。その証拠に、ラスベガス以外の各州で、カジノがいったん解禁されると、瞬く間に多く開設されるようになった。

このカジノ運営の基礎を作ったのは、賭博に精通しているランスキーである。ラスベガスでカジノを運営する、合理的なルールや効率的な組織づくりは、彼の助けなしには、到底できなかったに相違ない。

それに加えて、カジノは裏金を作ることや、麻薬や売春で得た不正所得をマネー・ロンダリングする場としても活用しやすい。これも原動力となって、ラスベガスが大きくは繁栄したことは否定できない。その仕組みを考案したのも、他ならぬランスキーである。

これから見て、ランスキーの明晰な頭脳と豊富な経験なくしては、ラスベガスの今日の繁栄は、とても見られなかったと思う。

彼が極悪非道《ごくあくひどう》で冷酷な犯罪者だったことは、歴然たる事実である。だが、当時の多くのユダヤ人は、アメリカに移民して間もないので、なんらのコネやツテもなく、どん底から這い上がって生き抜かねばならなかった。選択できる職業の種類が極めて制限され、まともな教育すら受けられない当時の状況を考えると、同情的な見方かもしれないが、ランスキーは悪の道に走らざるを得なかったのだ。

彼が、もし正業に就いていたならば、その卓越した才覚と頭脳で、間違いなく一流企業の経営者になっていたに違いない。

ユダヤ人の格言に、「悪いことを、どうせするなら、せめてそれを楽しめ」とあるが、ランスキーは、これをまさに地《じ》でいったのではないかと思う。

1946年		**ルチアーノの国外追放** **フラミンゴ・ホテルのオープン** ルチアーノ、キューバに渡る
1947年		フラミンゴ・ホテルの再開 **シーゲルの暗殺** ルチアーノ、キューバから追放
1948年	イスラエル独立	
1950年	**朝鮮戦争勃発**	キーフォーバー委員会の発足
1951年	**ネバダ州の原爆実験開始**	
1953年	アイゼンハウアー大統領就任	
1961年	ケネディ大統領就任	
1963年	ケネディ大統領の暗殺	
1965年	ジョンソンの大統領就任 ベトナム戦争本格化	
1966年		ヴァージニア・ヒル自殺 **ルチアーノ、イタリアで死去**
1967年	6日戦争（第3次中東戦争）	**ハワード・ヒューズ、ラスベガスに進出** **スティーブ・ウイン、ラスベガスに移住**
1968年	ロバート・ケネディの暗殺	
1969年	ニクソンの大統領就任	
1970年	ニクソンの大統領辞任	
1973年	ベトナム戦争終結	
1974年		ランスキー、イスラエルに逃亡
1977年	カータの一大統領就任	
1981年	レーガンの大統領就任	
1983年		**ランスキー死去**
1983年	レーガンの大統領再選	
1997年		**フラミンゴ・ホテル50周年記念**

年表

年	アメリカの主要な出来事	ラスベガスの主要な出来事
1897年		ラッキー・ルチアーノ誕生
1902年		マイヤー・ランスキー誕生
1906年		バグジー・シーゲル誕生
1917年	**第1次世界大戦に参戦**	
1919年	**第1次世界大戦の終結** **禁酒法（憲法修正18条）の成立**	
1921年		シーゲルとランスキーがギャングを結成
1929年	**大恐慌の勃発**	
1931年		**ネバダ州賭博合法化** ジョー・マセリアの暗殺 サルバトーレ・マランツァーノの暗殺 **ルチアーノ大ボスに就任** 犯罪シンジケートの結成
1933年	フランクリン・ルーズベルトの大統領就任 **禁酒法の廃止**	
1934年		ランスキー、カーペット・ジョイントを経営
1935年	**フーバー・ダムの完成**	
1936年		**ルチアーノの投獄**
1937年		**シーゲル、ハリウッドに移住**
1939年	ヒトラー、ポーランドを侵略	シーゲル、渡欧
1940年	ルーズベルト大統領3選	
1941年	**第2次世界大戦の勃発**	
1942年		ヴァージニア・ヒルとの出会い
1944年		シーゲル、ラスベガスに移住
1945年	ルーズベルト大統領の急死 トルーマンの大統領就任 **第2次世界大戦の終結**	**シーゲル、フラミンゴ・ホテルの建設に着手**

鳥賀陽正弘（うがや・まさひろ）

京都大学法学部卒業。幼少期をニューヨークと中国で過ごす。東レ㈱に入社後、国際ビジネス業務に従事して広く活躍し、そのために訪問した国は100カ国超にのぼる。海外より帰任後、同社マーケティング開発室長を経て独立し、現在、国際ビジネス・コーディネーター、著述家、翻訳家として活躍中。

著書には『男だけの英語』『ここがおかしい日本人英語』（以上、日本経済新聞社）、『読むだけで英語に強くなる』（潮出版社）、『ユダヤ人金儲けの知恵』（ダイヤモンド社）、『ユダヤ人ならこう考える！』、『超常識のメジャーリーグ論』、『頭がよくなるユダヤ人ジョーク集』（以上、PHP新書）、『ユダヤ人の「考える力」』（PHP研究所）、『必ず役立つ！「○○の法則」事典』（PHP文庫）、『シルバー・ジョーク』（論創社）など。

訳書に『これから10年、新黄金時代の日本』、『世界潮流の読み方』、『変わる世界、立ち遅れる日本』（いずれもビル・エモット著、PHP新書）、『毛沢東は生きている』（フィリップ・パン著、PHP研究所）がある。

ラスベガスを創った男たち

2016年6月15日　初版第1刷印刷
2016年6月25日　初版第1刷発行

著　者 ―――― 鳥賀陽正弘
発行者 ―――― 森下紀夫
発行所 ―――― 論創社
〒101-0051　東京都千代田区神田神保町2-23　北井ビル
tel. 03(3264)5254　fax. 03(3264)5232
振替口座 00160-1-155266　http://www.ronso.co.jp/

ブックデザイン ―― 奥定泰之
印刷・製本 ―――― 中央精版印刷

ISBN978-4-8460-1542-8